FOLIO BIOGRAPHIES

collection dirigée par

GÉRARD DE CORTANZE

Baudelaire

par

Jean-Baptiste Baronian

Gallimard

Crédits photographiques :

1, 2, 5, 7 : Archives Gallimard. 3, 6 : Bridgeman Giraudon. 4, 11 : collection
Roger-Viollet. 8 : RMN-P. Schmidt. 9. RMN-H. Lewandowski. 10 : Photo
12.com- Fondation Napoléon. 12 : RMN-M. Bellot.

Éditions Gallimard, 2006.

Né en 1942 à Anvers dans une famille d'origine arménienne, Jean-Baptiste Baronian est l'auteur d'une soixantaine de livres : romans, recueils de contes et de nouvelles, essais, anthologies, albums pour enfants. Dans ses romans, notamment *La Nuit, aller-retour*, *Le Vent du nord*, *L'Apocalypse blanche*, *Les Papillons noirs* ou *Quatuor X*, il aime mêler le réel et l'étrange et mettre en scène des personnages confrontés à des crimes mystérieux. Grand spécialiste de la littérature fantastique et policière (il assura la direction littéraire des éditions du Fleuve Noir) ainsi que de Georges Simenon et de son œuvre auxquels il a consacré deux ouvrages et de très nombreux articles, il est membre de l'Académie royale de langue et de littérature françaises de Belgique.

Avertissement

Ce livre cherche à restituer la vie de Charles Baudelaire ainsi qu'elle s'est déroulée, année après année, de sa naissance à sa mort. Toutes les personnes qui y apparaissent, qu'elles soient célèbres ou non, sont pareillement présentées, au fur et à mesure de ce qu'elles sont et de ce qu'elles font, et non pas en fonction de ce qu'elles sont devenues et de ce qu'elles auront fait par la suite. C'est la raison pour laquelle, dans un souci de cohérence et afin d'éviter tout anachronisme, les noms des rues, des institutions et des établissements, voire les titres des œuvres citées, sont toujours mentionnés tels qu'ils étaient connus du vivant du poète.

J.-B. B.

Une odeur de vieux

C'est un drôle de couple, décidément, qui donne naissance à Charles Baudelaire, le 9 avril 1821, 13 rue Hautefeuille, entre la place Saint-André-des-Arts et la rue de l'École-de-Médecine, dans le quartier Saint-Germain, à Paris.

Lui, Joseph-François Baudelaire, a déjà soixante-deux ans lorsque ce fils vient au monde. Issu d'une famille de cultivateurs champenois, il a entrepris très jeune des études et, sans réellement briller, a obtenu au collège de Sainte-Menehould, l'ancienne capitale de l'Argonne, de bonnes notes en français, en latin et en grec. Après avoir été reçu au séminaire de Sainte-Barbe à Paris, il a suivi des cours de philosophie à la Sorbonne et a songé un moment à embrasser la carrière ecclésiastique et à se faire ordonner prêtre. Mais la vie civile l'a bientôt accaparé. Et peut-être même s'est-il irrésistiblement senti attiré par les habitudes languides de la société du XVIIIᵉ siècle. Celle qui respecte encore la monarchie et la noblesse. Celle qui conjugue bienséance et hypocrisie. Celle qui unit urbanité et cabotinage, qui aime les belles manières, les beaux atours, les belles-lettres et les beaux-arts mais qui, en ces années 1780, ne songe guère à son déclin ni à l'écroulement possible de ses valeurs.

Et voilà Joseph-François Baudelaire en 1785 précepteur chez le comte Antoine de Choiseul-Praslin. On l'apprécie beaucoup. On aime sa discrétion. On le trouve à la fois remarquable pédagogue et parfait gentilhomme. On n'a pas peur de le recommander auprès des gens du monde, notamment auprès de Mme Helvétius dont le salon à Auteuil a toujours réuni des *intelligences* supérieures : Condillac, Thomas, d'Alembert, Diderot, d'Holbach, Condorcet, Franklin, Laplace, Voltaire, Cabanis…

Joseph-François Baudelaire est si docile, si poli, si réservé, que les changements de régime politique ne l'affectent pas. Tant et si bien qu'après la Révolution et la Terreur il est nommé sous l'Empire, grâce aux protections dont il bénéficie, secrétaire de la commission administrative et contrôleur des dépenses du Sénat puis, en 1805, chef des bureaux de la préture. Ce qui lui vaut un appartement de fonction dans les jardins du Luxembourg.

Onze ans plus tard, il est tout heureux de pouvoir prendre sa retraite. Et le nouveau régime, qui a succédé à Napoléon banni à Sainte-Hélène et qui n'a aucun motif sérieux de lui reprocher quoi que ce soit, lui accorde une pension des plus correctes.

Dès lors, Joseph-François Baudelaire a le loisir de se consacrer à ce qui, au fond, le passionne le plus : la peinture. Car, depuis qu'il a fréquenté le salon de Mme Helvétius et côtoyé des hommes illustres, il se pique de manier le pinceau et se plaît à composer des gouaches. D'ailleurs, il s'est lié avec les peintres Pierre-Paul Prud'hon et Louis Léopold Boilly, qui ont tous les deux à peu près son âge, avec le sculpteur Claude Ramey et avec Jean Naigeon, le conservateur du musée du palais du Luxembourg, une dépendance du Sénat. Par rapport à eux, il n'est pourtant qu'un piètre amateur et ses œuvres, des allégories et des nus en particulier, n'ont aucun éclat. Il se pique aussi de collectionner des tableaux, des statuettes, des meubles ouvragés en acajou, en noyer ou en laque, des bibelots, de préférence d'époque Louis XVI, et des tas de belles vieilleries*.

Pourtant, s'il est désormais tout à sa peinture, il est aussi fort désireux de se remarier ; sa femme, née Rosalie Janin, qu'il a épousée en 1797, est décédée en 1815. Non sans lui avoir laissé un fils, Claude-Alphonse (lequel est né en 1805), et quelques hectares de terre. Suffisamment pour faire de lui un veuf apprécié et appréciable. Quoiqu'il approche de la soixantaine et qu'il n'ait plus toute sa prestance.

Depuis quelque temps, il a remarqué la pupille d'un de ses plus vieux amis, Pierre Pérignon, qu'il a rencontré au collège de Sainte-Menehould et qui, dans l'intervalle, est devenu un brillant avocat à

* Dans une lettre à sa mère datée du 30 décembre 1857, Charles Baudelaire écrit : « Il y a quelques mois, j'ai découvert chez un marchand du passage des Panoramas un tableau de mon père (une figure nue, une femme couchée voyant deux figures nues en rêve). Je n'avais pas du tout d'argent, pas même pour donner des arrhes, et le torrent insupportable des futilités journalières m'a depuis fait négliger cela. [...] Mon père était un détestable artiste ; mais toutes ces vieilleries ont une valeur morale » (*Lettres inédites aux siens*, Grasset, 1966).

Paris. Cette pupille a pour nom Caroline Dufaÿs. Née à Londres en 1793, elle est la fille d'un officier émigré et elle n'est pas dénuée d'un certain charme. Du moins de ce charme qu'il faut pour perturber le fonctionnaire consciencieux qu'il n'est plus et le peintre de genre qu'il voudrait bien être. Pour provoquer chez lui des idées de luxure, des fantasmes de libertinage. Après tout, n'est-il pas, lui, Joseph-François Baudelaire, le pur rejeton d'un long siècle de frivolités érotiques et de gaietés sentimentales ? Et ne possède-t-il pas, au surplus, la sécurité financière sans laquelle une fille de bonne extraction ne saurait s'épanouir ?

Caroline Dufaÿs a vingt-six ans quand Joseph-François Baudelaire, en septembre 1819, l'épouse en secondes noces. Sans doute aurait-elle pu espérer un meilleur parti mais, à y regarder de près, on voit que tout l'a préparée à ce type de ménage : son pauvre statut de pauvre orpheline, son éducation à l'ancienne, la place, la toute *petite* place, qu'elle occupe dans la famille — nombreuse — de son tuteur... Sans compter que, chez les Pérignon, on n'entend rien aux arts ni aux innombrables plaisirs de l'esprit.

Oui, c'est un drôle de couple qui donne naissance à Charles Baudelaire, le 9 avril 1821, et qui le fait baptiser à l'église Saint-Sulpice, le 7 juin suivant, en présence de Pierre Pérignon et de sa femme, le parrain et la marraine[*].

* Auparavant, le 11 avril, Joseph-François Baudelaire devait déclarer à l'état civil la naissance son fils.

Un papa vieux, un papa ayant donc soixante-deux ans, et une maman encore jeune, une maman ayant trente-quatre ans de moins que son mari. Un papa marqué par les fastes indolents d'une époque révolue et une maman découvrant, du jour au lendemain, l'amour charnel et, par la même occasion, les caprices d'un barbon. Un papa un tantinet dilettante, tout engoncé dans les distinctions des salons mondains du XVIIIe siècle et la pesanteur des cabinets administratifs, et une maman timide, crédule, craintive, pour qui la maternité est comme un don du ciel, une sorte de miracle, et la parturition une revanche contre le mauvais sort. Un papa âgé qui a, forcément, des amis âgés et une maman dans la fleur de l'âge qui, elle, n'a pas d'amis du tout, si ce n'est un des quatre enfants de son tuteur.

Ce formidable contraste, le petit Charles le ressent très tôt, très vite. Chez lui, rue Hautefeuille, tout est suranné et les gens qu'il voit aller et venir et avec lesquels son père s'entretient ou va au théâtre sont tous des vieux. Des vieilles badernes. Des vieilles barbes. Des pépés. Quand il va jouer au jardin du Luxembourg, à deux pas de la maison, il voit que son père en rencontre d'autres, ses anciens collègues du Sénat, une compagnie sénile et presque décrépite. Et c'est non seulement un monde qui est vieux mais un monde qui, en outre, répand des odeurs de vieux — des odeurs terribles, nauséeuses, dégoûtantes, putrides, des « floraisons grasses », des « miasmes morbides ». Qu'il ne peut pas ne pas enregistrer, ne pas emmagasiner au plus profond de son être.

Mais l'appartement paternel offre également des recoins où il n'est pas toujours désagréable de se réfugier, des zones mystérieuses de pénombre qui attisent l'imagination. Certains objets, un Apollon ou une Vénus en plâtre, une pendule, un globe sur la cheminée, un vase à fleurs en porcelaine du Japon, une jardinière en faïence de Delft, un chandelier de cuivre, une gouache, un pastel, suscitent des rêveries, ouvrent des fenêtres sur des contrées fabuleuses.

Et puis il y a la bibliothèque où Joseph-François Baudelaire a réuni ses dilections littéraires et artistiques et où, avec l'*Encyclopédie* de Diderot et d'Alembert dans l'édition de 1772, il a pour ainsi dire institutionnalisé à son domicile le savoir triomphant du XVIIIe siècle, le siècle d'où il n'est peut-être jamais sorti. Tous ces livres, Charles n'arrête pas de les regarder. Quand la tentation est trop forte, il va les examiner en catimini, préférant les albums bourrés de « cartes et d'estampes » aux pages noircies de textes.

Rue Hautefeuille[*], Charles vit aussi dans l'intimité de son demi-frère, Claude-Alphonse, qui a seize ans de plus que lui et qui, par chance, s'entend plutôt bien avec la nouvelle Mme Baudelaire. Mais la différence d'âge est trop grande pour que des liens étroits se nouent entre eux et qu'ils entretiennent au cours de ces années-là de réelles rela-

* La maison natale de Charles Baudelaire a été démolie au milieu du XIXe siècle avec le percement de l'actuel boulevard Saint-Germain. L'immeuble qui a été érigé sur son emplacement a longtemps abrité, entre la rue Hautefeuille et le boulevard Saint-Michel, la librairie Hachette.

tions fraternelles. Du reste, Claude-Alphonse est étudiant en droit et, en 1825, il est admis comme avocat à la Cour royale de Paris. Autant dire qu'à cette époque Charles est à peine conscient d'avoir un demi-frère aîné.

Le 10 février 1827, le *vieux* Joseph-François Baudelaire s'offre une ultime galanterie : mourir sans faire de bruit, sans trop déranger, sans laisser derrière lui des êtres à jamais inconsolables. Son décès est déclaré quarante-huit heures plus tard à la mairie de l'arrondissement, rue Garancière, toujours à deux pas du Sénat.

Charles n'a pas encore six ans. Sur le moment même, il ne réalise pas trop ce qui arrive, ni ce qui *lui* arrive. Sauf qu'avec sa très forte sensibilité il comprend que sa mère, sa mère chérie et adorée, n'a plus à partager ses affections. Désormais, songe-t-il confusément, il n'y en aura que pour lui, que pour eux deux. Que pour eux deux seuls. Deux cœurs éperdus, un peu perdus, qui vont se retrouver, bien qu'ils n'aient jamais tenté de le faire.

Par la grâce des circonstances.

Parce qu'il n'est pas envisageable qu'il en soit autrement.

Survenue du *mauvais*

Pour un peu, ce pourrait être un lamentable mélodrame en trois actes.

Dans le premier, il y a deux personnages principaux : d'un côté, une jeune veuve, effacée et coquette ; de l'autre, un petit garçon de six ans, anxieux et furieusement imaginatif. D'un côté, Caroline Baudelaire, une maman idéale, un modèle de mère attentionnée ; de l'autre, Charles Baudelaire, un gamin tourmenté et tendu. Ils ont chacun besoin de tendresse, de beaucoup de tendresse ; ils ont chacun besoin l'un de l'autre. Ensemble, ils effectuent de longues promenades, un jour au jardin du Luxembourg, un autre jour sur les quais de la Seine, se promènent en fiacre, visitent souvent Neuilly où la nature est odorante et belle et où réside Narcisse Désiré Ancelle, le notaire de la famille*...

Le bonheur ?

Mais à l'âge qu'il a, qu'est-ce que Charles peut savoir du bonheur ? Qu'est-ce qu'il peut savoir de

---

* Il sera maire de Neuilly en 1851.

la vie ? Surtout, qu'est-ce qu'il peut connaître de l'amour, des femmes, de leurs désirs, de leurs caprices, de leurs émois ? Et qu'est-ce que, elle, Caroline, peut savoir de son fils, des profonds sentiments qui l'animent, de ses espérances indécises ?

Dans ce premier acte, il y a aussi Mariette, la servante, une femme bonne et chaleureuse auprès de laquelle Charles se sent toujours très heureux. Et de lointains comparses comme Pierre Pérignon, le parrain, Claude-Alphonse, le demi-frère, que la mort de son père a modérément rapproché de la famille, ou encore Narcisse Désiré Ancelle et sa femme.

Ce sont les bons. Du moins aux yeux de Charles.

Le *méchant*, lui, n'est pas encore là, mais on devine déjà sa présence dans les parages. Certains soirs, Caroline Baudelaire se laisse emmener par un mystérieux individu qui n'a pas encore de nom, qui est tout juste une ombre, une imposante silhouette entre chien et loup.

Le deuxième acte du mélodrame commence sur un coup de théâtre, vingt mois après le décès de Joseph-François Baudelaire : contre toute attente, le délai de viduité à peine expiré, Caroline se remarie ! L'heureux élu s'appelle Jacques Aupick. Il est né à Gravelines dans le Nord, l'année même de la prise de la Bastille, il a donc trente-neuf ans et, pour l'heure, est chef de bataillon et aide de camp de son protecteur, le prince de Hohenlohe.

C'est donc un militaire. Un vrai de vrai. « Sanglé dans sa droiture comme dans son uniforme et la main prompte à atteindre son épée », une « figure

19

de soldat bien d'aplomb et un galant cavalier[*1] ». C'est également un enfant adopté et il est certain que Caroline n'est pas indifférente à cette situation.

Sans doute qu'en se donnant à cet homme, un homme de la même génération que la sienne, elle pense aussi offrir à son fils un nouveau père qui lui ressemble un peu, qui a connu comme elle une famille d'accueil et qui sait ce que signifie être orphelin. Et un père qui, en outre, sera en mesure d'assurer matériellement l'éducation de l'enfant, puisqu'elle ne peut plus compter sur la pension octroyée naguère encore à Joseph-François. Et puisque, depuis la mort de ce dernier, elle a été contrainte de quitter l'appartement de la rue Hautefeuille pour aller habiter rue Saint-André-des-Arts, et de réduire son train de vie.

Jacques Aupick, au surplus, est d'un physique agréable. Il est en bonne santé, il est extrêmement instruit, il est travailleur, il est tenace, il est à la fois loyal et opportuniste, il est ambitieux, très ambitieux, il veut à tout prix réussir, monter le plus haut possible dans la hiérarchie militaire, et il n'est pas du tout insensible aux honneurs. Autant de traits qui le distinguent très nettement de Joseph-François, le brave fonctionnaire rangé, le dilettante, le lettré, le peintre du dimanche.

Le mariage est de raison, c'est quasi évident, et personne n'ignore que la raison a des raisons que le cœur...

* Le mot est de Jacques Crépet (1874-1952). Avec son père, Eugène Crépet (1827-1892), il a été à la base des recherches et des études modernes sur Charles Baudelaire et son œuvre.

Le troisième acte du lamentable mélodrame commence alors, en novembre 1828, sur un décor qu'on n'a pas encore vu : un appartement au 17 de la rue du Bac, tout près de la Seine. Cette fois, les protagonistes sont au nombre de trois : Caroline Aupick (il faut bien la désigner par ce nom désormais), Jacques Aupick et le *petit* Charles Baudelaire.

Lequel, au début, n'est ni vraiment malheureux, ni vraiment perturbé par le brusque changement que lui impose le remariage inopiné de sa mère. Il n'est d'ailleurs pas non plus hostile à cet homme qui vient de prendre la place de son vieux père, quoiqu'il le trouve assez emprunté dans ses attitudes et assez strict dans ses rapports avec son entourage.

N'empêche, le temps passant, il a de plus en plus l'impression que Jacques Aupick pèse lourdement sur lui, le traite comme un de ses subordonnés et le fait marcher à la baguette. Et il se met à lui résister, à ne pas accepter ses recommandations, à contrarier ses directives. Puis, progressivement, à le détester. Et bientôt à le haïr. Moins parce qu'il croit que Jacques Aupick lui a volé l'amour maternel que parce qu'il est incapable de s'accorder avec sa manière d'être, de penser et de vivre.

Dans ces pénibles conditions, impossible de ne pas accabler le beau-père de tous les maux. De le considérer comme l'empêcheur « de grandir en rond[2] ».

De le prendre précisément pour le *mauvais*.

Ce que Jacques Aupick n'est pas.

L'honneur du collège

La vie militaire est un constant ballottement. C'est elle qui fait naître Alfred de Vigny à Loches, Victor Hugo à Besançon ou encore Alexandre Dumas à Château-Thierry. C'est elle, pareillement, qui fait passer Jacques Aupick d'une ville de garnison à l'autre, après avoir épousé Caroline Baudelaire-Dufaÿs.

Promu au grade de lieutenant-colonel, il est, en 1830, envoyé à Sidi-Ferruch en Algérie où il reste quinze mois puis reçoit l'ordre de se tenir à la disposition du ministre de la Guerre et, un peu plus tard, de se rendre à Lyon. Et, cette fois, il décide d'y faire venir sa femme et son jeune beau-fils, son « mioche », comme il aime le clamer autour de lui.

Pour Charles, qui n'a pas encore onze ans, c'est la découverte d'une ville entourée de collines qui ne ressemble guère à Paris, où il y a souvent de la brume, où il n'a plus trop l'occasion d'errer dans les jardins publics. Après avoir passé quelque temps à la pension Delorme qu'il trouve sale et désordonnée, il entre comme interne en cinquième au

Collège royal, alors que ses parents s'installent rue d'Auvergne, une des plus belles artères de Lyon.

Il n'y est pas malheureux, quoique ses résultats scolaires soient médiocres. D'ailleurs, il le reconnaît dans les nombreuses lettres qu'il écrit à son demi-frère, Claude-Alphonse.

Je suis fort content d'être au lycée, lui confie-t-il ainsi. Je suis bien sûr que nos aïeuls n'avaient pas comme nous dans les collèges : confitures, compotes, pâtés au jus, tourtes, poulets, dindes et compotes, et encore tout ce dont je n'ai pas mangé[1].

Il lui communique régulièrement les diverses notes qu'il obtient, lui narre les menus faits qui se produisent au collège, lui assure qu'il est plein de bonnes résolutions et qu'il veut réussir ses études. Encore qu'il lui arrive parfois de se plaindre, de se désoler parce que les murs sont tristes, crasseux et humides, les classes « obscures » et « le caractère lyonnais » différent du « caractère parisien[2] ».

En 1836, Jacques Aupick, qui est à présent colonel, est appelé à l'état-major de la 1re Division militaire de Paris. « Voilà que maman, papa et moi sommes réunis à Paris et je m'empresse de t'écrire, parce que j'espère que tu viendras me voir », annonce aussitôt Charles à son demi-frère. Et il ajoute : « J'irais bien te trouver, mais papa n'aime pas que l'on perde beaucoup de temps, et je rentre au collège, ou plutôt j'entre pour la première fois à Louis-le-Grand le 1er mars[3]. »

Le colonel en est sincèrement persuadé : son beau-fils sera un élève qui fera honneur à son nouveau collège. Il le sait un peu rebelle mais il ne doute pas que Louis-le-Grand sera capable de le discipliner.

En 1839, Charles Baudelaire est en philosophie. Il est plutôt bon élève. À tout le moins dans les matières qui l'intéressent comme le vers latin et le « discours français ». En revanche, il est mauvais en histoire. Ses professeurs l'apprécient, même s'ils pensent qu'il est un peu dépourvu d'« énergie » et de « gravité » et qu'il a l'« esprit sautillant ». D'aucuns le tiennent déjà pour un excentrique, un original, une sorte de mystique ne faisant rien comme les autres et s'opposant à tout, presque par principe. Si ce n'est pour un garçon fourbe.

Mais ses maîtres sont aussi frappés par sa forte inclination pour la poésie. Victor Hugo, Théophile Gautier, Sainte-Beuve*, il les dévore, les récite à tout propos et à tout bout de champ. Et chacun de leurs vers le fait tressaillir et va très souvent engendrer chez lui des convulsions nerveuses…

Il est sur le point d'avoir dix-huit ans quand, un matin, l'orage qui couvait éclate. Il refuse de donner à son sous-directeur un billet que lui a transmis un de ses camarades. Et, comme il est pressé d'obéir, il déchire le billet et en avale les morceaux. Chez le proviseur auprès duquel il est rapidement convoqué, il déclare qu'il préfére-

* Du moins son ouvrage *Vie, poésies et pensées de Joseph Delorme*, d'abord paru anonymement en 1829.

rait être fouetté plutôt que livrer le secret de son condisciple.

Et il persiste. Et il ricane.

Tant et si bien que le proviseur est obligé d'en avertir le colonel Aupick. La lettre qu'il lui adresse se termine par ces mots :

Je vous renvoie donc ce jeune homme, qui était doué de moyens assez remarquables, mais qui a tout gâté par un très mauvais esprit, dont le bon ordre du collège a eu plus d'une fois à souffrir[4].

Sur le coup, le colonel se sent humilié, lui qui a affirmé que son beau-fils serait l'honneur de l'établissement. Lui qui est sur le point d'accéder au grade supérieur de général. Lui qui, de surcroît, est l'ami du duc d'Orléans, l'héritier présomptif du trône de France.

Mais Charles, d'une certaine façon, se sent lui aussi humilié car sa mère est dans tous ses états et en proie à des crises de nerfs. Au bout de quelques semaines, il est mis en pension chez son répétiteur. Il décide alors de revoir toutes ses matières en peu de jours et de se présenter au baccalauréat.

Au mois d'août 1839, c'est chose faite. Proprement. Mais sans éclat aucun.

En réalité, Baudelaire n'en retire aucun orgueil. À croire qu'il n'a passé ses examens que pour faire plaisir à ses parents. Afin de ne pas davantage les blesser. Presque en dilettante, à l'instar de son géniteur, Joseph-François. Il n'hésite pas du reste à répandre autour de lui le bruit selon lequel il a été reçu au baccalauréat par complaisance et au titre d'enfant… idiot.

Comme s'il tenait à se fabriquer un personnage, à se construire une légende.

La vie devant soi

À peine reçu bachelier, Charles Baudelaire se confie derechef à son demi-frère aîné, à présent juge suppléant au tribunal de Fontainebleau :

> Voici donc la dernière année finie, et je vais commencer un autre genre de vie ; cela me paraît singulier, et, parmi les inquiétudes qui me prennent, la plus forte est le choix d'une profession à venir. [...] Les conseils que je demande ne me sont pas d'un grand secours ; car pour choisir, il faut connaître, et je ne connais en aucune façon les différentes professions de la vie[1].

Oui, que choisir ? Que faire dans la vie ?

Il sent en lui des ardeurs qui le soulèvent, un violent désir de tout embrasser, un énorme besoin d'aventures. Il sent qu'il n'est pas à dix-neuf ans un jeune homme comme un autre. Il regarde les gens qui l'entourent et se persuade qu'il n'a rien de commun avec eux. Ne serait-ce qu'avec les attardés du romantisme qu'il juge ridicules et qui se croient toujours au temps de la bataille d'*Hernani*. Et, pour marquer sa différence, il cherche à s'habiller avec beaucoup de distinction — à la manière d'un secrétaire d'ambassade anglaise, ne se déplaçant jamais sans une canne à pommeau d'ivoire.

Il ne nie pas non plus qu'il est issu de la bonne bourgeoisie française et que les idées de progrès l'indiffèrent. Tout comme celles de démocratie. À ses yeux, la rébellion, la révolte, passe d'abord, si tant est qu'elle doive passer un jour, par l'âme et par le cœur. Par la chair et par le sang. Par le verbe.

Ses pas — ses pas souples, lents, presque rythmiques — le conduisent au Quartier latin, un lacis de venelles étroites et infectes. Le poussent à aller à la découverte de gens qu'il n'a encore jamais côtoyés jusque-là, des créatures vivant pour la plupart repliées, verrouillées, sans se laver ou presque, dans la luxure et la débauche.

C'est plus fort que lui : il lui faut à la fois l'horreur et l'extase, le péché et le pardon, le cauchemar et la rêverie, la fange et la béatitude. Comme s'il était un être double, comme s'il était à la fois lui-même et son fantôme : haïssant la vie, éructant contre elle et contre sa laideur, abominant l'existence et, dans le même mouvement, toujours prêt à s'enflammer, à s'extasier, à conquérir des voluptés nouvelles, à croire à la beauté des choses et aux « clartés éternelles ».

Dans ses déambulations, il tombe une nuit sur une prostituée juive, Sara, nommée Sara la Louchette en raison de son strabisme, et la fréquente quelque temps, rue Saint-Antoine où elle demeure et où il expérimente avec elle les « voluptés de l'amour ».

Est-ce à cause d'elle, la pauvre putain, qu'il contracte la syphilis ?

À cause d'elle ou à cause d'une autre, peu importe ! Ce qui est certain, c'est qu'en 1840 Baudelaire commence déjà à souffrir d'atroces maux de tête et de courbatures et qu'il doit recourir à des drogues, des drogues de plus en plus fortes, pour calmer ses douleurs.

Heureusement, à la pension où il loge, place de l'Estrapade, la pension Bailly, dirigée par Emmanuel Bailly, un des fondateurs de la Société de Saint-Vincent-de-Paul, il a la chance de se faire des amis. Grâce à un de ses condisciples à Louis-le-Grand, il rencontre en particulier Gustave Le Vavasseur. Natif d'Argentan, Le Vavasseur est de deux ans son aîné. À cette époque, il est plutôt bon poétereau et il ne lui déplaît pas de soumettre ses poèmes à Baudelaire pour lui demander son avis. Ni de s'en prendre, chaque fois qu'il le peut, à la mémoire de Napoléon qu'il déteste et qu'il considère comme un tyran sans scrupules.

Un autre ami d'alors, rencontré à la pension Bailly, est Ernest Prarond. Né à Abbeville, cinq semaines après Baudelaire, il taquine également la muse. Il aime écrire des fables, sans trop se soucier toutefois de la grammaire et de la beauté du style.

Ce qui n'est pas le cas d'Auguste Dozon dont Baudelaire a fait la connaissance à Louis-le-Grand et qui est né pour sa part à Châlons-sur-Marne, en 1822. Dozon se destine au droit mais il est, lui aussi, poète à ses heures.

Le Normand Le Vavasseur, Le Picard Ernest Prarond, le Champenois Auguste Dozon, le Parisien Charles Baudelaire : le quatuor composite, sorte de phalanstère littéraire et sentimental, se sent prêt à remodeler, à rebâtir la poésie française.

Le 24 février 1840, Baudelaire ose d'ailleurs réclamer une audience à Victor Hugo en personne. Dans la lettre qu'il lui adresse, il craint, écrit-il, de commettre « une impertinence sans exemple » mais il précise, pour se dédouaner, qu'il ignore « tout à fait les convenances de ce monde » et que cela devrait rendre son correspondant « indulgent » à son égard.

Je vous aime — dit-il ensuite — comme on aime un héros, un livre, comme on aime purement et sans intérêt toute belle chose. [...] Puisque vous avez été jeune, vous devez comprendre cet amour que donne un livre pour son auteur, et ce besoin qui nous prend de le remercier de vive voix et de lui baiser humblement les mains[2].

En attendant « avec une impatience extrême » une réponse qui n'arrive pas, il se rapproche des milieux littéraires plus ou moins constitués et se lie avec des auteurs plus âgés que lui comme Édouard Ourliac, un des collaborateurs de Balzac, ou Hyacinthe de Latouche, un proche de George Sand.

Ou encore le Lyonnais Pétrus Borel qui s'est lui-même affublé du surnom de Lycanthrope et dont l'œuvre peu abondante met en jeu un fantastique débridé, dans la lignée des romans gothiques anglais d'Ann Radcliffe et de Horace Walpole, ainsi qu'en témoignent son recueil de nouvelles noires et effrayantes *Champavert* (1832), sous-titré « Contes immoraux », et son roman *Madame Putiphar* (1839).

Grâce à Pétrus Borel, démocrate par haine du bourgeois et par... lycanthropie, Baudelaire a aussi la possibilité de croiser de temps à autre l'étrange, l'énigmatique Gérard de Nerval. En 1840, Nerval n'a que trente-deux ans mais il a déjà traduit plusieurs auteurs allemands tels que Klopstock, Bürger, Schiller et, surtout, Goethe[*]. Sans compter qu'il a plusieurs fois collaboré avec Alexandre Dumas et qu'il a cosigné, l'année précédente, *Léo Burckhart ou une conspiration d'étudiants* et *L'Alchimiste*, un drame fantastico-allégorique qui a été un gros succès.

Le plus souvent, c'est dans les cafés que Baudelaire voit Nerval, comme au Divan Le Peletier, tout près de l'Opéra. Il trouve le personnage sympathique et amène. Et il s'étonne de la facilité que son aîné semble avoir pour écrire et pour aligner des textes, sans les surcharger de ratures ni de repentirs.

---

[*] Gérard de Nerval a traduit *Faust* en 1828 et le *Second Faust* en 1840.

Sur les mers du Sud

Plus Baudelaire commence à s'accommoder à sa petite vie de bohème, plus ses relations avec les siens deviennent difficiles. Chaque fois qu'il retourne voir son beau-père et sa mère, le climat est tendu, le dialogue tout juste possible. Mais Jacques Aupick, qui a connu les champs de bataille (Waterloo notamment) et les rigueurs des garnisons, en a maté d'autres. Il est toujours convaincu que Charles rentrera à un moment ou à un autre dans le rang.

La tension atteint son comble lors d'un dîner de gala, quand Charles se laisse aller devant tout le monde à une impertinence et qu'aussitôt il est sévèrement remis à sa place par le général. Là-dessus, il se lève de table et a le culot de déclarer qu'il va étrangler ce malotru qui s'en est pris à lui en public.

Aupick n'est pas homme à tergiverser : il gifle l'impertinent Baudelaire. Qui ne se contrôle plus, pousse des clameurs, se ridiculise. Bientôt, il est consigné dans sa chambre. Et après qu'il est autorisé à en sortir, c'est pour apprendre qu'il doit promptement partir en voyage. À la fois parce que les voyages forment la jeunesse et parce que Aupick n'a aucune envie que les éclats répétés de son beau-fils et sa trop grande liberté de mœurs n'écornent le nom de la famille. Quant à Caroline Aupick, elle ne peut qu'entériner, la mort dans l'âme, la décision irrévocable de son mari...

Au printemps 1841, Baudelaire arrive à Bordeaux où, sur les recommandations d'Aupick, il est confié au capitaine Saliz qui doit se rendre à Calcutta en Inde, à la barre du *Paquebot-des-Mers-du-Sud*. C'est un navire à trois mâts et à dunette de quatre cent cinquante tonneaux, ne prenant que peu de passagers, des coloniaux, des fonctionnaires ou des commerçants.

Dans ce monde, ce nouveau monde, Baudelaire a des allures de prince. Il jure par son élégance et ses gestes raffinés. Mais par son bagou aussi. Il tient souvent des propos grandiloquents, se livre à de longues tirades qui étonnent et qui scandalisent.

Ses extravagances séduisent toutefois une belle Noire qui vient d'accompagner une famille créole en France et qui rentre au pays. Leur liaison choque l'équipage. Et quand Baudelaire n'est pas avec elle, il se couche dans un canot suspendu le long des bastingages, le sternum mis à nu sous le soleil des tropiques, sous prétexte qu'il a mal à l'estomac et qu'il ne peut alléger ses souffrances que de la sorte. Au grand dam de Saliz, censé lui apprendre la vie rude et les privations des marins.

Tout, ou presque, se passe en somme comme s'il était un passager privilégié, pour ne pas dire une bête curieuse. En même temps, alors qu'une terrible tempête met un jour le voilier en péril, il montre qu'il est capable d'avoir beaucoup de sang-froid et de s'adapter aux pires circonstances naturelles.

Le 1er septembre 1841, après quatre-vingt-trois jours de mer, le *Paquebot-des-Mers-du-Sud* jette l'ancre dans la rade de Port-Louis, la capitale de l'île Maurice.

L'ambre, le musc, le benjoin, l'encens, le havane, la myrrhe... Ces parfums que Baudelaire découvre soudain enivrent ses sens — des parfums « frais comme des chairs d'enfants, doux comme les hautbois, verts comme les prairies », d'autres « corrompus, riches et triomphants[1] », d'autres encore plus forts « pour qui toute matière est poreuse » et qui semblent même pénétrer « le verre[2] ». Mais il ne s'y abandonne pas, il les enregistre plutôt, sans trop s'en rendre compte, il les laisse venir à lui, sans trop se demander si leurs effets seront durables ou non. Du reste, la suavité de l'île ne correspond pas tout à fait à ses attentes et il en est rapidement saturé.

Preuve qu'il n'est pas un voyageur ordinaire, il est reçu à Port-Louis par un ménage de colons français, Gustave et Emmeline Autard de Bragard, dans leur propriété du quartier des Pamplemousses, là où Bernardin de Saint-Pierre a situé en 1788 l'action de *Paul et Virginie*. Il ne leur cache pas qu'il est tout animé par la poésie, qu'il n'arrête pas d'écrire des vers, qu'il rêve de rencontrer le destin de Victor Hugo. Ce qui incite Gustave Autard de

Bragard à lui demander un poème à l'intention de sa femme. Et Baudelaire est d'autant plus désireux de s'exécuter qu'Emmeline est très belle et extrêmement attirante. Le 20 octobre, il lui envoie un sonnet auquel il ne donne pas de titre* et dont le premier quatrain est révélateur de son état d'esprit à l'île Maurice :

Au pays parfumé que le soleil caresse,
J'ai vu dans un retrait de tamarins ambrés
Et de palmiers d'où pleut sous les yeux la paresse,
Une dame créole aux charmes ignorés**.

Après un séjour de trois semaines à Port-Louis, Baudelaire gagne Saint-Denis, le port de l'île Bourbon. De nouveau, une femme le subjugue mais, cette fois il s'agit d'une servante, une Malabaraise vêtue de « mousselines frêles ». Elle a pour tâche d'allumer la pipe de son maître, de « pourvoir les flacons d'eaux fraîches et d'odeurs », de chasser « loin du lit les moustiques », de faire les emplettes au « bazar[3] »... Elle aussi, elle lui inspire un poème. Tout comme une prostituée prénommée Dorothée — une « enfant gâtée » qui aime mettre sur sa peau de l'huile odorante et du benjoin[4] et qu'il va voir dans la petite case où elle loge, non loin de la mer.

Ce qui change Baudelaire de Sara la Louchette.

* Ce sonnet sera baptisé *À une dame créole* et paraîtra dans *L'Artiste* en 1845 (la première poésie de Baudelaire publiée sous son nom), avant d'être recueilli en 1857 dans *Les Fleurs du mal*.
** Emmeline Autard de Bragard est décédée à l'âge de trente-neuf ans en 1857, dans la semaine de la parution des *Fleurs du mal*.

À moins qu'il ne pense beaucoup à elle, qu'il ne la compare sans cesse à cette Dorothée et à la Malabaraise.

Toujours est-il que le 19 octobre 1841 le *Paquebot-des-Mers-du-Sud* appareille pour Calcutta, sans que Baudelaire soit du voyage. Lui, il brûle de retourner à Paris, de revoir sa mère, de retrouver ses amis poètes, les égéries et les demi-mondaines qui les accompagnent, dans leur quête de la liberté et de l'absolu. Et tant pis si cela ne cadre pas avec les plans du général Aupick !

Le 4 novembre, il est à bord de l'*Alcide*. Il sait que si la traversée s'effectue sans incident majeur, il sera à Bordeaux dans trois mois.

Le retour du fils prodigue

Le mois de février 1842 touche à sa fin lorsque Charles Baudelaire est de retour à Paris. Une lettre du commandant Saliz l'ayant précédé, ses proches sont déjà préparés à le recevoir — à accueillir « l'enfant prodigue qui revient dans sa famille », ainsi que l'écrit au général Aupick Claude-Alphonse Baudelaire, bien décidé à « faire tout son possible pour ramener ce cœur égaré » dans le droit chemin, n'ignorant pas que « chacun dans ce bas monde a sa dose de douleur, son temps d'épreuve », et que les « chagrins domestiques », à l'instar des tempêtes, « ne peuvent pas toujours durer ».

Les intentions du *grand* frère sont sans nul doute louables mais ce qu'il semble oublier, c'est que Charles est sur le point d'atteindre sa majorité légale et qu'en conséquence il a le droit d'entrer en possession des avoirs que lui a laissés son père légitime, après sa mort survenue en 1827.

De fait, au bout de quelques semaines, les formalités sont remplies auprès de Narcisse Désiré Ancelle et, du jour au lendemain, Charles devient maître de sa fortune. Ce qui lui permet de rembourser une partie de ses dettes, de louer un rez-de-chaussée sur l'île Saint-Louis, 10 quai de Béthune, d'acheter des meubles et des tableaux, de s'offrir des beaux livres reliés et des vêtements coûteux et de ne plus trop regarder à la dépense. Ce qui lui permet aussi d'envisager sans tracas, du moins à moyen terme, une carrière d'écrivain.

En cette année 1842, le milieu littéraire français, précisément, est en pleine effervescence. Certains des grands *anciens* comme Chateaubriand, Lamennais ou Nodier sont toujours en vie et toujours en activité, et les monstres sacrés du romantisme ne sont pas prêts à céder la place à leurs cadets, si fougueux, si impatients, si doués soient-ils.

Balzac déborde d'énergie et donne coup sur coup, outre son drame *Les Ressources de Quinola* à l'Odéon, *La Rabouilleuse*, *Mémoires de deux jeunes mariés*, *Autre étude de femme*, *La Femme de trente ans*, *Albert Savarus* et *Un début dans la vie* ; Hugo publie son *Voyage sur le Rhin*, Sand *Consuelo*, Musset *Sur la paresse*, Soulié *Marguerite* et *Eulalie Pontois*, Mérimée deux recueils, le premier réunissant *Théâtre de Clara Gazul*, *La Jacquerie* et *La Famille de Carvajal*, le second *Chronique du règne de Charles IX*, *La Double Méprise* et *La Guzla*, Sainte-Beuve les *Poésies de Desbordes-Valmore*, Gautier *La Mille et Deuxième Nuit*, Gozlan *Méandres*, Sue *La Morne au diable*, tandis que paraît, à l'initiative de David d'Angers, le fantasmatique et ténébreux *Gaspard de la nuit* d'Aloysius Bertrand, décédé l'année précédente à l'âge de trente-quatre ans. Seule grande ombre au tableau, la disparition en mars de Stendhal, quoique son nom ne soit pas des plus connus et que son œuvre n'ait jamais rassemblé des foules de lecteurs...

Cette effervescence littéraire, elle existe aussi, en 1842, dans d'autres pays et, en particulier, en Angleterre où Alfred Tennyson publie ses *Poèmes* en deux volumes, Robert Browning *King Victor et King Charles*, Edward Bulwer Lytton *Zanoni* et Thomas Macaulay les *Lais de la Rome antique*. Ou encore en Russie où Nicolas Gogol donne trois de ses chefs-d'œuvre : *Le Mariage*, *Le Manteau* et la première partie des *Âmes mortes*.

C'est aussi l'époque où, en France, se multiplient les physiologies[*]. Ce sont des volumes au format in-32 écrits sur un ton plaisant, humoristique ou satirique, illustrés de gravures sur bois (certaines dues à Daumier et à Gavarni), dont la vogue a débuté en 1841 et qui abordent les sujets les plus divers : le curé de campagne, le garde national, la portière, le chasseur, le floueur, le poète, le séducteur, les demoiselles de magasin, le provincial à Paris, le cocu, le pochard, le débardeur... De même existent des volumes sur le tabac, le parapluie, le chapeau de soie et le chapeau de feutre, l'hygiène de la barbe et des moustaches, l'omnibus, la presse, le soleil, le calembour, la nuit de noces...

Publiés au départ chez les éditeurs Aubert et Lavigne, ces petits livres tendent à donner aux gens une image sympathique des uns et des autres. Ils

---

[*] Il y en aura plus de cent trente jusqu'en 1844.

sont reconnaissables à leur couverture jaune pâle et sont, pour une quinzaine d'entre eux, rédigés par des auteurs de renom. Et, dans le lot, aux côtés de Frédéric Soulié (*Physiologie du bas-bleu*), d'Henri Monnier (*Physiologie du bourgeois*), de Louis Huart (*Physiologie de la grisette* entre autres), de Paul de Kock (*Physiologie de l'homme marié*) ou du bibliophile Jacob, alias Paul Lacroix (*Physiologie des rues de Paris*), figure Balzac avec sa *Physiologie de l'employé*, un volume illustré par Trimolet[1].

Baudelaire idolâtre l'auteur de *La Comédie humaine*. Il le considère comme un visionnaire immense et « passionné[2] », capable de mettre du génie dans chacun de ses personnages, fût-ce des portières, comme un des plus grands hommes de son siècle. Néanmoins, même s'il a quelquefois l'occasion de le croiser, il ne noue pas avec lui des liens d'amitié. Il est plus à l'aise, il est vrai, avec les jeunes loups de sa génération.

C'est le cas en particulier de Félix Tournachon que ses camarades surnomment Tournadar, après avoir pris la joyeuse et ludique habitude de terminer tous les mots en *dar*. Pas question par exemple de dire : « Il n'a pas le sou » mais bien « Ildar n'adar pasdar ledar soudar[3] ». Et de là à appeler Félix Tournachon Tournadar puis, par abréviation ou par commodité, Nadar tout court...

Nadar a plusieurs points communs avec Baudelaire. Il est natif de Paris, il est né au début d'un mois d'avril, le 6 avril, mais en 1820, donc un an auparavant, il a séjourné trois années à Lyon et il y a fait une partie de ses études, il aime écrire et dessiner, il est ambitieux, il a du culot, il a le goût de l'excentricité et il est volontiers coureur.

Comme il est également attiré par le théâtre, il propose, très jeune, des comptes rendus de pièces à diverses publications périodiques, tout en espérant briller dans le journalisme et en faire un jour son métier. Engagé par la *Revue et Gazette des théâtres*, à l'âge de dix-huit ans, il est ainsi chargé de couvrir les spectacles de trois salles de la rive gauche, les théâtres du Luxembourg, du Panthéon et Saint-Marcel. Ses articles, il les signe d'abord de son patronyme puis, son sobriquet devenant de plus en plus connu, simplement Nadar.

À la fin de 1838, il se montre des plus enthousiastes en découvrant au théâtre de la Porte-Saint-Antoine l'actrice mulâtresse d'une trentaine d'années Jeanne Duval dans un petit rôle du *Système de mon oncle*, une saynète du vaudevilliste Pierre-Charles-Auguste Lefranc, un des collaborateurs d'Eugène Labiche. Et il a tôt fait de la conquérir puis, bientôt, de sortir avec elle et de la présenter à tous ses amis.

Eux, ce sont presque tous des auteurs en herbe. Ils ont conscience d'être les héritiers directs de la génération romantique et ils cherchent confusément des voies artistiques nouvelles, tout en souffrant de cette espèce d'inaction pesante qui suit souvent les périodes de guerres et de révolutions. Leur cabinet de travail, ils le situent de préférence dans des cafés où ils se réunissent à neuf heures du matin pour n'en sortir qu'après minuit. Les uns lisent, les autres jouent ; certains tentent d'écrire, un peu au hasard, ou n'hésitent pas, à l'image du peintre Antoine Fauchery, à s'installer à une table avec leur « attirail de graveur » et à se livrer ainsi en public à leur « besogne journalière[4] ».

Nadar, front large et crinière rousse, est en quelque sorte le chef de la bande. Laquelle comprend notamment Champfleury (à l'état civil il s'appelle Jules-François-Félix Husson), Pierre Dupont, Émile Deroy, Eugène Labiche, Henri Murger, Albéric Second, Léon Noël, Eugène Manuel, Jules de La Madelène, Louis Ulbach ainsi que Charles Barbara — autant d'écrivains ou de peintres nés au tout début des années 1820 (à l'exception du volubile Eugène Labiche, du prolifique Albéric Second et du tourmenté Charles Barbara).

Baudelaire ne tarde pas à les rejoindre. Et à être aussitôt attiré par Jeanne Duval. Il lui trouve un charme languide avec ses yeux lascifs, sa poitrine mince, ses hanches larges, sa peau brune et lisse et, surtout, ses allures félines, sa démarche élastique de « serpent qui danse ». Mais les premières fois qu'il la voit aller et venir, elle l'inhibe un peu et, si elle le hante, il n'ose trop l'aimer et se laisser dominer tout de suite par ses profondes pulsions érotiques.

Dans la bande à Nadar, il y aussi Théodore de Banville. Bien que né à Moulins en 1823, il est parisien depuis sa septième année et, dès ce moment-là, il s'est pris de passion pour tout ce qui se passe dans les rues de la capitale et pour les spectacles populaires, tels que les théâtres ambulants, les fêtes foraines, les clowns, les musiciens, les chanteurs ou les mimes. Littérairement, il est le plus précoce de tous puisque son premier recueil de poèmes, *Les Cariatides*, paraît en cette riche année 1842 et lui vaut d'emblée une multitude d'éloges.

Baudelaire se plonge dans le livre « avec étonnement », s'émerveille qu'un auteur aussi jeune ait réussi à y amonceler « tant de richesses[5] ». Et il se félicite que non seulement son entourage littéraire mais aussi les « hommes chargés de façonner l'opinion des autres[6] » saluent en Banville la naissance d'un authentique poète.

Des petits vers entre amis

Dans la bande à Nadar, tout le monde ne plaît pas forcément à Baudelaire. S'il n'a guère d'affinités avec Louis Ulbach et Eugène Labiche, il s'entend plutôt bien avec Pierre Dupont (même s'il juge que ses ouvrages poétiques ne sont pas tous d'un « goût fini et parfait ») et avec Charles Barbara, son aîné de quatre ans, un des plus fervents admirateurs des contes d'Hoffmann et des œuvres fantastiques de Pétrus Borel et de Théophile Gautier.

De même, il s'entend à merveille avec Émile Deroy qu'il tient pour un peintre remarquable et dont il visite souvent l'atelier, tout près de son appartement, dans l'île Saint-Louis. Il se sent également assez proche de Champfleury, ne serait-ce qu'en raison de leurs dilections artistiques communes et de leur intérêt partagé pour la caricature, Daumier étant à leurs yeux — à leurs yeux d'esthètes — la suprême référence.

Mais Baudelaire n'oublie pas ses camarades de la pension Bailly. À présent, il les reçoit dans son appartement du quai de Béthune puis, après un bref passage rue Vaneau, au bel hôtel Pimodan, quai d'Anjou, c'est-à-dire toujours dans l'île Saint-Louis mais cette fois en face de la rive droite de la Seine. L'immeuble d'apparence austère a été construit en 1650 et a été somptueusement aménagé quelques années plus tard par le duc de Lauzun. Depuis 1779, il appartient à la famille de Pimodan dont certains membres, rapporte-t-on, seraient parvenus à échapper à la police révolutionnaire, après avoir utilisé une porte d'eau secrète faisant communiquer directement les souterrains avec le fleuve...

Baudelaire y habite sous les combles un logement plutôt exigu, composé de plusieurs petites pièces dont les fenêtres donnent sur la Seine — des pièces qui sont toutes tendues uniformément d'un papier glacé aux énormes ramages rouges et noirs s'accordant assez bien avec les draperies d'un lourd damas antique ; des pièces qu'il décore et meuble selon son goût, avec une élégance voluptueuse et farouche. Et il lui est d'autant plus facile de le faire qu'au rez-de-chaussée même de l'immeuble un certain Arondel, mi-antiquaire mi-brocanteur, achète et vend des objets d'art, parfois de la camelote, le plus souvent des bibelots de qualité, des meubles précieux et des tableaux de maître.

Au début, Baudelaire, chez qui volupté se conjugue toujours avec luxe, ne compte pas pour acquérir tout ce qui lui chante et tout ce qui lui plaît. Ne serait-ce que la remarquable série des *Hamlet* lithographiés par Delacroix et des éditions anciennes de poètes français et latins, magnifiquement ornées de reliures pleines exécutées par les plus grands artistes, qu'il pose non pas sur l'étagère d'une bibliothèque mais à plat dans un profond placard. Sa prodigalité est telle que sa mère, son demi-frère et le général Aupick commencent à s'inquiéter et envisagent sérieusement la nomination d'un conseil judiciaire qui aurait pour charge d'administrer ses avoirs.

Cette vie de grand seigneur ne le distrait nullement de l'écriture. Au contraire, Baudelaire devient même désormais de plus en plus exigeant, de plus en plus désireux de composer des poèmes qui traduisent des sensations et des expériences réelles et qui ne soient pas, ne soient plus, de brillants exercices de style, ou des imitations plus ou moins réussies. Il continue néanmoins d'écrire de petites pièces de circonstances avec ses amis et collabore anonymement à la réalisation d'un recueil collectif. L'ouvrage, baptisé *Vers* sans aucune prétention, est publié à compte d'auteur en 1843 chez Hermann frères. Il est signé Gustave Le Vavasseur, Ernest Prarond et Auguste Argonne, le pseudonyme que s'est choisi Auguste Dozon.

Avec le même Prarond, Baudelaire participe aussi à un projet de drame, *Idéolus*. Ensemble, ils corrigent et recorrigent leur texte souvent. Ils savent tous les deux que le théâtre peut être l'antichambre de la gloire, qu'un succès sur les planches conduit à de copieux avantages matériels. Ils ne pensent pas tant à Victor Hugo ni à Alexandre Dumas qu'à François Ponsard qui triomphe à la Comédie-Française avec sa tragédie *Lucrèce*, ou à Eugène Labiche. Lequel a débuté en 1837, à l'âge de vingt-deux ans à peine, et a immédiatement rencontré l'adhésion du public. Mais ils finissent par abandonner leur projet.

Cherchant sans cesse à élargir le cercle de ses relations, Baudelaire se rapproche aussi du milieu ésotérico-politique d'Alphonse Louis Constant. Ce dernier a cinq ans de plus que lui. Après avoir été ordonné prêtre, il s'est mis dans la tête des idées de solidarité et de progrès, une idéologie hybride où se marient christianisme, socialisme et fouriérisme et qui prône le culte de la femme — une idéologie qui lui vaut d'abord l'amitié de Flora Tristan, puis la réprobation des autorités catholiques et, bientôt, son excommunication.

Constant est un homme instruit et possédant les talents les plus divers[*]. Au gré des situations, il peut toutefois se montrer très profond ou très superficiel, développer un discours brillant puis, juste après, avancer des énormités, des bêtises et des platitudes. Dans ses recherches et ses réflexions, il ne néglige ni la magie, ni la théosophie, ni le magnétisme, ni la cabale, ni les arts divinatoires. Il s'est acoquiné avec l'éditeur Auguste Le Gallois qui publie en général des ouvrages peu orthodoxes et chez qui il a fait paraître en 1841 trois volumes : *Doctrines religieuses et sociales*, *L'Assomption de la femme ou le Livre de l'amour* et *La Bible de la liberté*. Pour ce dernier, il a été poursuivi par les

---

[*] Alphonse Louis Constant (1810-1875) va se rendre célèbre sous le pseudonyme d'Éliphas Lévi et avec ses deux principaux ouvrages ésotériques, *Histoire de la magie* (1860) et *Dogme et rituel de la haute magie* (1861).

tribunaux et condamné à huit mois de prison[*]. Enfin, c'est un excellent peintre.

Pareille personnalité ne peut que séduire Baudelaire, toujours à l'affût de sensations nouvelles, d'expériences sortant de l'ordinaire. Surtout que, grâce à Constant, il a la possibilité d'étendre davantage encore le champ de ses relations et de faire la connaissance d'autres écrivains. Dont Georges Mathieu dit Georges Dairnvaell, Alexandre Privat d'Anglemont, un Antillais, ou encore Alphonse Esquiros. Lui, Esquiros, est l'auteur du *Magicien* paru en 1838, un des meilleurs romans gothiques de langue française, et il donne régulièrement à la revue *L'Artiste* certaines de ses nouvelles d'inspiration fantastique, à l'exemple du *Château enchanté* ou d'*Ebn Sina*.

Constant, Dairnvaell, Privat d'Anglemont, Esquiros, Baudelaire, d'autres encore... tous collaborent aux *Mystères galans des théâtres de Paris*, un collectif plutôt composite publié en mars 1844. La couverture et la page du titre sont dues à Nadar et représentent un ogre cornu, la gueule grande ouverte. Quant aux « mystères », ce sont plutôt des ragots et des piques contre des actrices et des auteurs à succès comme François Ponsard dont la *Lucrèce* a volé la vedette aux *Burgraves* de Victor Hugo. Non sans une certaine dose d'autodérision, Constant, sans doute soucieux de sa publicité, se laissant ainsi brocarder par ses confrères...

---

[*] L'ouvrage a paru à l'enseigne de Cazel éditeur mais tout indique qu'Auguste Le Gallois en a été le maître d'œuvre.

« Le serpent qui danse »

Son inhibition sexuelle devant Jeanne Duval, sa terreur de faire l'amour avec elle, Baudelaire parvient petit à petit à la surmonter, et lorsqu'il y arrive finalement, c'est pour découvrir avec cette femme des plaisirs charnels qu'il n'a encore jamais éprouvés. Ce sont, à dire vrai, des plaisirs « plus aigus que la glace et le fer », puisque aussi bien « la triste beauté » de Jeanne, sa « majesté native », son regard armé de « vigueur et de grâces », ses « cheveux qui lui font un casque parfumé », ses « prunelles[1] » lui paraissent froids.

Mais en même temps, ou peut-être précisément à cause de sa froideur, à travers ses attitudes presque glaciales et dédaigneuses, Jeanne lui procure une volupté complète et écrasante. Elle sait de longue date qu'elle est maîtresse en amour et qu'elle a assez d'expérience pour répondre à tous les désirs, au moindre des fantasmes, à la plus basse des *manies* de cet homme exalté qui vient de tomber sous son joug. Pour les provoquer au surplus. Pour feindre de partager avec lui, quand il le faut, les mêmes appétits érotiques, les mêmes ignominies, la même extase dans la luxure.

Elle sait d'instinct ce qui l'excite, ce qui l'embrase. Elle sait qu'elle est différente des autres femmes qu'il a connues et qui ne sont toutes, en somme, que de dociles et gentilles partenaires occasionnelles. Y compris les professionnelles des maisons closes et les pauvres prostituées ramassées au hasard dans les rues. Elle sait, elle, qu'elle est, par rapport à toutes ces filles, une vicieuse. Qu'elle est en train de devenir « sa seule distraction[*2] ».

Comme elle se veut aussi soumise, soumise au besoin jusqu'au silence, Jeanne accepte de ne plus jouer les petites théâtreuses. À condition toutefois qu'en contrepartie Baudelaire soit en mesure de la prendre en charge et de subvenir à ses besoins.

Il est disposé à le faire, oui, mais il ne veut pas pour autant mettre son indépendance en péril, ni renoncer à ses ambitions littéraires. Il a du mal à imaginer qu'une femme demeure, vingt-quatre heures sur vingt-quatre, à ses côtés, dans son ombre, dans le même appartement que le sien, parmi ses papiers et ses livres. Mieux : la seule idée du mariage lui arrache un « rire méprisant[3] ».

Pour sa part, Jeanne n'a guère envie non plus de se mettre en ménage avec un phénomène comme lui, quelqu'un qui passe le plus clair de son temps à noircir des pages blanches, à se répandre ici et là en discours saugrenus, à fréquenter des riches et des poètes dont elle ne comprend pas les écrits et qui ont des aspirations auxquelles elle se sent complètement étrangère.

* Le mot est de Théodore de Banville.

Baudelaire trouve la solution : loger Jeanne dans un immeuble voisin, tout près de chez lui, afin d'avoir la possibilité d'aller la nuit la rejoindre le plus aisément du monde. Et puis, de la sorte, il pourra continuer à vivre selon son bon plaisir à l'hôtel Pimodan.

Il déniche un petit appartement rue de la Femme-sans-tête et y installe Jeanne. Il lui achète de la vaisselle, des meubles, des bibelots, des tentures... Il profite de cette installation pour se réserver les objets les plus précieux dont il fait, bien entendu, l'acquisition chez Arondel. Et ce dernier, qui a eu vent comme tout le monde que Baudelaire possède une petite fortune, ne se prive pas de lui proposer des antiquités de plus en plus rares et donc de plus en plus coûteuses ainsi que des tableaux de maître : des Tintoret, des Corrège, des Poussin... Des faux, évidemment.

Impossible d'y résister. Tant et si bien que Baudelaire est obligé de s'endetter. Il emprunte de l'argent à Arondel, signe des reconnaissances à l'aveuglette, sans réellement savoir ce qu'il fait ni où cela risque de l'entraîner.

C'en est trop pour Mme Aupick. En juillet 1844, elle engage très officiellement une procédure en vue de la dation d'un conseil judiciaire. Dans ses démarches, elle a le soutien de Claude-Alphonse et d'Ancelle, plus que jamais attaché à défendre la réputation et la mémoire de feu Joseph-François Baudelaire. Un conseil de famille est réuni et fait valoir que Charles, « une fois parvenu à sa majorité, étant devenu maître de sa fortune, s'est livré aux plus folles prodigalités », que « dans l'espace d'environ dix-huit mois il a dissipé près de la moitié de sa fortune » et que « les faits les plus récents donneraient lieu de craindre que le restant du patrimoine ne fût complètement absorbé s'il l'on mettait le moindre retard à le pourvoir comme prodigue d'un conseil judiciaire[4] ».

Le 21 septembre 1844, Ancelle est nommé à cette fonction. Baudelaire, humilié, a le droit d'interjeter appel mais, craignant d'entrer en conflit avec sa mère, il s'en abstient.

Son réconfort, le remède à ce qu'il considère être une infamie, c'est Jeanne. Jeanne sa « bizarre déité », sa « sorcière au flanc d'ébène », son « démon sans pitié », sa « Mégère libertine[5] ». C'est « l'enfer de son lit ».

Son recours, son *secours*, ce sont les poèmes, les poèmes ardents qu'il écrit alors et qu'il retouche et peaufine sans cesse — des poèmes terriblement intimes qui disent dans un syncrétisme inouï le plaisir des sens et la haine, le vertige de l'amour et le dégoût d'aimer. De mal aimer. De ne pas pouvoir aimer sans douleur. D'être à la merci d'un vampire.

Toi qui, comme un coup de couteau,
Dans mon cœur plaintif es entrée ;
Toi qui, forte comme un troupeau
De démons, vins, folle et parée,

De mon esprit humilié
Faire ton lit et ton domaine ;
— Infâme à qui je suis lié
Comme le forçat à la chaîne

Comme au jeu le joueur têtu,
Comme à la bouteille l'ivrogne,
Comme aux vermines la charogne
— Maudite, maudite sois-tu !

J'ai prié le glaive rapide
De conquérir ma liberté,
Et j'ai dit au poison perfide
De secourir ma lâcheté.

Hélas ! le poison et le glaive
M'ont pris en dédain et m'ont dit ;
« Tu n'es pas digne qu'on t'enlève
À ton esclavage maudit,

Imbécile ! — de son empire
Si nos efforts te délivraient
Tes baisers ressusciteraient
Le cadavre de ton vampire[6] ! »

Car elle est bel et bien une maudite vampire, cette Messaline avec ses « deux grands yeux noirs »… Malgré qu'elle soit entretenue par Baudelaire, elle continue de voir d'autres hommes et de leur vendre ses charmes. Elle n'éprouve d'ailleurs aucun scrupule à se laisser entraîner par le premier venu. Ni même à recevoir ses clients de passage rue de la Femme-sans-tête.

Un soir, Baudelaire la surprend avec son coiffeur. Il est furieux mais il est trop attaché à elle, trop enchaîné sexuellement à ce qu'elle lui offre pour lui en vouloir plus de deux ou trois jours !

La tête pleine de tourbillons

Les locataires du magnifique hôtel Pimodan, quai d'Anjou, sont pour la plupart des bohèmes et des dilettantes. Notamment Roger de Beauvoir dont le roman, dramatique à souhait, *L'Écolier de Cluny* publié en 1832 devait donner à Alexandre Dumas l'idée de *La Tour de Nesle*, et dont on ne compte plus les collaborations aux journaux et aux revues (chroniques, contes, impressions de voyage), de *La Revue de Paris* à *La Caricature*, en passant par *Le Globe*, *La Mode* ou *Le Figaro*[1]. Ou encore le peintre Joseph-Fernand Boissard dit de Boisdenier, un élève d'Antoine Gros et d'Eugène Delacroix. Ses dispositions artistiques sont réelles et il est également bon violoniste, bon causeur et bon amphitryon. Ses palabres, ses *fantasias*, Boissard aime les tenir chez lui, avant de proposer à ses hôtes du hachich — cette

confiture verte, singulièrement odorante, tellement odorante qu'elle soulève une certaine répulsion, comme le ferait, du reste, toute odeur fine portée à son maximum de force et pour ainsi dire de densité[2].

Du hachich dont chaque convive paie sa part et qu'il convient de délayer dans du café noir très chaud, du café turc, et de prendre à jeun, pour éviter les vomissements, vu que la nourriture solide se querelle avec la drogue. De quoi avoir, après un moment de gaieté langoureuse, « la tête pleine de tourbillons ». De quoi découvrir les métamorphoses et les « équivoques les plus singulières » et constater que les sons ont une couleur et les couleurs, elles, « une musique[3] ».

Ne vient pas n'importe qui dans le bel appartement occupé par Boissard et dans son fastueux salon de musique décoré de miroirs, de boiseries peintes et de soieries de Lyon. C'est un club dont les participants sont triés sur le volet, des peintres ou des dessinateurs en majorité comme Delacroix, Daumier (il loge quai d'Anjou), Ernest Meissonier (il a, lui, son atelier, quai de Bourbon), Paul Chenavard, Louis Steinhel ou Tony Johannot ; mais aussi des médecins et des écrivains de renom tels qu'Alphonse Karr, dont tout le monde se plaît à lire les pamphlets publiés depuis 1839 sous le titre générique *Les Guêpes*, Henri Monnier qui est fort connu pour ses saynètes mettant en scène le personnage réaliste de Joseph Prudhomme, Gérard de Nerval qui, lui, est souvent accompagné par Théophile Gautier. Du moins quand celui-ci peut se rendre disponible entre deux voyages, deux critiques dramatiques, deux nouvelles, deux romans, deux poèmes, deux repas ou deux femmes.

Pour Baudelaire, pilier du Club des hachichins de Boissard, rencontrer Théophile Gautier est un rêve caressé depuis fort longtemps, en fait depuis qu'il est hanté par la poésie. Il l'admire autant que Victor Hugo. Il admire en lui l'homme qui a su, drapé dans sa chemise rouge, la chevelure tombant dans le dos, conduire les thuriféraires du romantisme à la bataille d'*Hernani* en 1830. Et il admire la plupart de ses œuvres. Surtout *Les Jeunes-France* à cause de leur aspect insolite et goguenard ainsi que *Mademoiselle de Maupin* dont la préface est un extraordinaire manifeste formulant haut et fort que l'art et la morale, la littérature et la vertu n'ont absolument rien en commun. Sans négliger les recueils poétiques *Albertus* et *La Comédie de la mort*, grouillant d'images frénétiques et macabres.

Ce qui l'attire en outre chez Théophile Gautier, c'est son non-conformisme. Il est frappé par ses cheveux longs et souples, son port noble et indolent, son regard plein d'une rêverie féline, son épicurisme mêlé de scepticisme, sa relative froideur. C'est-à-dire cette sorte de distance qu'il met entre ses émotions et ses pensées, ses sensations les plus profondes et la manière tout objective dont il en parle à travers ses multiples écrits.

Sans doute y a-t-il du théâtre dans l'attitude de l'auteur des *Jeunes-France* mais il n'est pas mauvais, selon Baudelaire, de concilier l'être et le paraître. Car le dandy est le singulier s'opposant au pluriel, celui qui exalte sa différence, sa richesse intellectuelle, et qui n'a pas peur d'en étaler publiquement les signes extérieurs, tout en restant impassible devant les assauts dont il est la victime au milieu de ces années 1840, de plus en plus tournées vers des idéaux d'uniformisation et de progrès[4].

Un petit ouvrage venant de paraître conforte du reste Baudelaire dans le choix de cet art de vivre : *Du dandysme et de G. Brummel.* Il est signé Jules Barbey d'Aurevilly, qui a alors près de trente-six ans, et il a été édité à Caen à deux cent cinquante exemplaires à peine. Assez toutefois pour toucher un cercle averti d'esthètes et pour assurer à son auteur une réputation d'écrivain traditionaliste et excentrique.

Si Baudelaire en apprécie les thèses, c'est en grande partie parce qu'elles correspondent assez bien à ses aspirations personnelles et parce qu'elles ne prêchent pas la rébellion totale, le dandy ayant la piquante particularité de se jouer de la règle et, en même temps, de la respecter.

Il en souffre — écrit Barbey d'Aurevilly — et s'en venge tout en la subissant ; il s'en réclame quand il y échappe ; il la domine et en est dominé tour à tour : double et muable caractère ! Pour jouer ce jeu, il faut avoir à son service toutes les souplesses qui font la grâce, comme les nuances du prisme forment l'opale en se réunissant[5].

Baudelaire se comporte comme tel, affiche avec ostentation ses goûts de luxe, dessine lui-même les vêtements qu'il désire porter. Et il les fait exécuter par les meilleurs tailleurs de Paris, même s'il ne dispose plus que d'une modeste rente versée tous les mois par Ancelle, le notaire le plus pointilleux et le plus intègre qui soit.

Sa toilette favorite, c'est l'habit noir en queue de sifflet, le paletot droit en bure, la chemise blanche de toile fine avec le col largement rabattu, la cravate rouge, rouge sang, le chapeau haut de forme, les gants de soie rose, la canne pourvue d'un pommeau d'ivoire.

Qu'il sillonne les quartiers chics, qu'il se perde dans les rues dégoûtantes et mal famées, au cœur du Marais, ou qu'il visite les salons de peinture, il reste le même : toujours bien vêtu, toujours élégant, toujours cynique. Il lui arrive seulement, au gré de ses humeurs, de changer de coiffure, tantôt pelucheux et barbu, tantôt rasé de près et les cheveux courts. On dirait Byron habillé par Brummel, lui lance un soir l'ami Le Vavasseur, au café Taubourey, sur le coin du théâtre de l'Odéon.

Compliment, moquerie ou galéjade, Baudelaire n'en a cure. C'est dans cette tenue qu'un beau matin de janvier 1844 il se présente, en compagnie de Privat d'Anglemont, à la rédaction de *L'Artiste*. Créé en 1831, ce remarquable journal de littérature et de beaux-arts est dirigé depuis 1843 par Arsène Houssaye, un proche de Théophile Gautier et de Gérard de Nerval. Houssaye est l'incarnation même du bourgeois homme de lettres. Son premier recueil de poésies, *De profundis*, il l'a publié en 1834, alors qu'il n'avait pas encore dix-neuf ans. Il est si habile écrivain qu'il a tout récemment rédigé un roman à la manière des conteurs du XVIIIe siècle, *L'Arbre de science*, en faisant croire à tout le monde qu'il s'agissait là d'une œuvre posthume de Voltaire.

Houssaye ne manque pas non plus de discernement. Il est séduit par le poème *À une créole* que Baudelaire vient lui soumettre, en en espérant la publication, la première d'un texte qu'il est désireux de signer. C'est chose faite dans *L'Artiste* du 25 mai. Mais sous une signature que beaucoup ont du mal à comprendre : Baudelaire-Dufaÿs.

Comme pour s'éloigner, se couper du général Aupick davantage encore.

Lumières et ténèbres

Baudelaire ne se contente pas de réunir chez lui de beaux tableaux, il les scrute de près, les analyse, cherche par tous les moyens à savoir pourquoi tel peintre le touche ou l'émeut et pourquoi tel autre le laisse indifférent ou le hérisse.

La peinture, en réalité, c'est l'univers où il se sent le mieux. Tout comme le dessin et la caricature. Et c'est un univers qui lui est familier, presque naturel, depuis qu'il a vu son père peindre des gouaches et s'entourer d'artistes. Il aime Bassano, Poussin, Vélasquez, le Greco...

Au demeurant, les peintres sont nombreux dans ses propres relations. À commencer par Eugène Deroy qui a exécuté son portrait à l'hôtel Pimodan en quelques brèves séances nocturnes, ainsi que les portraits de Privat d'Anglemont et du père de Banville.

Grâce au hachichin Joseph-Fernand Boissard, il fait la connaissance de l'artiste qu'il place le plus haut dans son panthéon personnel, le dieu vivant de l'art romantique : Eugène Delacroix. Il le voit, « décidément », comme « le peintre le plus origi-

nal des temps anciens et des temps modernes »,
un peintre qui ne ment pas, qui ne trompe pas
ses admirateurs à l'instar d'autres « idoles
ingrates[1] ». Le culte des grands hommes — Hugo,
Balzac, Sainte-Beuve, Gautier... et, à présent,
Delacroix —, c'est un peu la subtile stratégie de
Baudelaire, lui qui n'a que vingt-quatre ans et qui
tente d'organiser sa notoriété par étapes successi-
ves, mais sans encore avoir publié un seul livre.

L'occasion d'y remédier, il la trouve précisément
dans cet univers des artistes, lors du Salon de
1845. Il décide d'en faire un compte rendu détaillé
et de regrouper ses notes dans un petit volume qui
est bientôt édité par Jules Labitte, 3 quai Voltaire,
sous le nom de Baudelaire-Dufaÿs, comme le sonnet *À une créole* dans *L'Artiste*, également au mois
de mai 1845. Dans son introduction, il précise
comment il a mené à bien son projet :

> *Notre méthode de discours* consistera simplement à diviser
> notre travail en tableaux d'histoire et portraits — tableaux de
> genre et paysages — sculpture — gravures et dessins, et à ran-
> ger les artistes suivant l'ordre et le grade que leur a assignés
> l'estime publique[2].

Avec cette façon unilatérale de procéder, ce parti
pris, Baudelaire commence son panorama, il va
sans dire, par Delacroix qui a envoyé au Salon,
en cette année 1845, quatre de ses tableaux : *La
Madeleine dans le désert*, une œuvre de grand
« harmoniste », *Dernières paroles de Marc-Aurèle*,
« un des spécimens les plus complets de ce que

peut le génie dans la peinture », *Une sibylle qui montre le rameau d'or* « d'une belle et originale couleur » et, en dernier lieu, *Le Sultan du Maroc entouré de sa garde et de ses officiers* dont les harmonies ont, aux yeux de Baudelaire, une « grande coquetterie musicale ».

Suivent des notes plus ou moins longues et des appréciations plus ou moins justes sur des artistes tels qu'Horace Vernet, William Haussoullier, « le morceau capital de l'Exposition », après les « merveilleux » tableaux de Delacroix, Robert Fleury, Achille Devéria, Victor Robert, Théodore Chassériau qui pourrait devenir un jour un peintre « éminent », Auguste Hesse, Joseph Fay, Léon Cogniet, Hippolyte Flandrin, Ernest Meissonier, Philippe Rousseau, Henriquel Dupont ou Camille Corot placé à « la tête de l'école moderne du paysage » et capable d'être « coloriste avec une gamme de tons peu variée ».

À travers ces diverses critiques, cent deux au total, Baudelaire montre qu'il est, au fond, assez attaché à une esthétique picturale classique et qu'en Delacroix il ne célèbre pas tant le peintre de la modernité que l'artiste qui conduit la peinture ancienne à une ultime et magnifique incandescence[3]. Pour ce qui le concerne, Delacroix d'ailleurs n'a jamais caché ses dilections pour le XVIIIe siècle, y compris dans le domaine littéraire et dans le domaine musical, défendant Voltaire, Casanova, Cimarosa, Mozart ou Haydn, réprouvant Beethoven et détestant par-dessus tout Hugo, Balzac, Berlioz ou Verdi, des créateurs qui, de son point de vue, récusent la clarté et la simplicité et exploitent par trop la surcharge et la boursouflure.

Grâce au *Salon de 1845*, Baudelaire se lie à un nouveau Charles. Car après Charles Barbara, voici Charles Asselineau. Tout de suite, les deux hommes éprouvent une sympathie réciproque et se trouvent des goûts communs, notamment l'amour des livres anciens, des textes rares ou méconnus, des fines reliures — et même le goût d'une certaine préciosité et d'un certain archaïsme.

Parisien de naissance et condisciple de Nadar au collège Bourbon, Asselineau a un an de plus que Baudelaire. Comme lui, il fait grand cas de l'œuvre de Théophile Gautier, mais le Gautier des *Grotesques* et le Gautier « fantastiqueur », un terme que celui-ci justement a inventé dans une étude consacrée à Hoffmann, le Gautier de *La Morte amoureuse*, cette magnifique nouvelle qui a d'abord été publiée dans *La Chronique de Paris* en 1836 et qui vient d'être recueillie en volume[4].

Dans le *Journal des théâtres*, Asselineau évoque sur un ton amical le *Salon de 1845* mais ne s'y attarde pas. On ne se presse du reste pas dans les gazettes et les revues pour parler de ce premier livre et Baudelaire en est fortement affecté.

Ce qui aggrave son dépit et son sentiment d'échec, c'est qu'il a de nouveau d'atroces maux de tête et d'estomac. Et puis il ne cesse de souffrir d'avoir été placé sous conseil judiciaire.

Un soir, dans un cabaret de la rue Richelieu où il a entraîné Jeanne, il se frappe à la poitrine d'un léger coup de poignard. Non sans avoir pris au préalable la précaution d'envoyer une lettre à Ancelle où il énumère les raisons pour lesquelles il va attenter à ses jours. « Je me *tue* — sans *chagrin* », lui écrit-il.

Il dit que les dettes qu'il a contractées n'ont jamais été un *chagrin* et qu'il se suicide parce que la vie lui est devenue un fardeau. Parce qu'il ne peut plus vivre. Parce qu'il se croit « immortel ». Il ajoute qu'il lègue à Jeanne Duval tout ce qu'il possède car elle a été la seule personne auprès de qui il a trouvé « quelque repos ».

Car, écrit-il encore, son frère n'a jamais été *en* lui et *avec* lui. Et car sa mère n'a nul besoin de son argent puisque aussi bien elle a un *mari*, un *être humain*, une *affection* — tous des mots qu'il souligne. Puis il conclut :

> Vous voyez bien maintenant que ce testament n'est pas une fanfaronnade ni un défi contre les idées sociales et de famille, mais simplement l'expression de ce qui reste en moi d'humain, — l'amour et le sincère désir de servir une créature qui a été quelquefois ma joie et mon repos[5].

Quant à ses manuscrits, il les lègue à Banville.

Mais c'est une mise en scène, une comédie de suicide et sa blessure est vraiment bénigne.

Secouru par les siens, Baudelaire quitte l'hôtel Pimodan à la fin du mois de septembre 1845 et décide d'aller habiter quelques semaines chez sa mère et le général Aupick, richement installés place Vendôme, depuis que ce dernier, en novembre 1842, a été nommé commandant du département de la Seine et de la place de Paris.

Le temps de réaliser une fois encore qu'entre leur existence et la sienne il n'y a décidément aucun point de jonction.

À qui veut l'entendre ou lui demande pourquoi il a une nouvelle fois quitté sa famille, Baudelaire raconte qu'on ne boit que du bordeaux chez sa mère et qu'il ne peut pas, lui, se passer de bourgogne...

L'amour... toujours

Après son départ précipité de la place Vendôme, Baudelaire va d'un immeuble, d'un hôtel à l'autre. Rue Corneille, rue Laffitte, rue de Provence, rue Coquenard, rue de Tournon, tout près du Sénat et donc dans le *vieux* quartier de son enfance...

Ce sont des mois difficiles, des semaines de doute et d'indécision.

A-t-il bien fait de vouloir devenir *auteur* ?

Il se pose la question. Comme s'il avait besoin de se lancer à lui-même un défi décisif, il s'inscrit à l'École des chartes, à la section de la bibliothèque du Roi. Dans sa démarche, il est encouragé par Asselineau que ce genre d'études intéresse beaucoup mais, au tout dernier moment, il ne se présente pas à l'examen des élèves de première année.

Revenu aussitôt à ses « travaux d'auteur », il commence à trier les nombreux poèmes qu'il a écrits depuis le retour de son périple africain, à les classer dans un ordre des plus rigoureux, en vue de les réunir dans un volume qu'il souhaite intituler *Les Lesbiennes*.

Il en parle à Jules Labitte, l'éditeur du *Salon de*

1845, qui a aussi publié, l'année précédente, le poème *Les Deux Anges* de Pierre Dupont et qui se dit prêt à l'éditer. Mais Baudelaire est saisi de scrupules. Il préfère confier certains de ses poèmes, des sonnets, à Privat d'Anglemont et l'autorise à les signer de son joli patronyme. Et Privat d'Anglemont s'empresse de remettre à Arsène Houssaye et à *L'Artiste* quatre d'entre eux comme s'il s'agissait des siens : *À Madame du Barry*, *À Yvonne Pen-Moor*, *Avril* et *À une belle dévote*.

Bien qu'il change souvent de domicile, Baudelaire reparaît plus d'une fois à l'hôtel Pimodan. D'abord parce que ses meubles, ses tableaux et ses livres ornés de belles reliures pleines y sont toujours, en attendant que l'appartement soit vidé et qu'un nouveau locataire — un autre dilettante — y emménage ; ensuite parce qu'il n'a pas tout à fait coupé les ponts avec Boissard et le Club des hachichins.

De passage un jour afin de récupérer l'un ou l'autre livre, il est tout surpris de voir son appartement occupé par une jeune femme.

Ce n'est pas une inconnue. Il l'a rencontrée au bal Mabille, en 1844, où il s'était rendu accompagné par Nadar, Privat d'Anglemont et Champfleury. Elle s'appelle Élise Sergent, mais elle a été sacrée reine Pomaré, par allusion à une Tahitienne qui, à cause de sa petite vertu, avait failli provoquer un conflit entre la France et l'Angleterre. Elle est assez jolie, svelte sans maigreur, « avec la poitrine plate comme celle d'un homme[*1] ». Elle danse bien, elle est coquette, elle n'est pas dénuée d'instruction.

Dans l'ancien appartement de Baudelaire, elle s'est installée comme si elle était chez elle. Comme si elle avait elle-même choisi les meubles, la décoration et même les livres rares de la bibliothèque. Elle ne se gêne du reste pas pour prendre des flacons de vin et d'alcool dans l'armoire du séjour et les vider, chaque fois qu'elle en a envie. Seule ou avec ses nombreux visiteurs occasionnels...

Baudelaire tombe sous son charme et couche avec elle dans le lit où Jeanne, sa maîtresse attitrée, ne s'est jamais étendue, Jeanne, « la grande taciturne », le « grand ange au front d'airain », chez qui il sait qu'il va retourner, quoi qu'il advienne. Ce qui procure davantage de piquant à sa liaison. Laquelle néanmoins s'*use* et se *vide* au bout de quelques jours. Elle lui inspire cependant une chanson dont il remet de nouveau le texte à Privat d'Anglemont, en lui laissant la liberté de le publier sous son nom.

Combien dureront nos amours ?
Dit la pucelle au clair de lune.
L'amoureux répond : Ô ma brune,
Toujours ! toujours !

Quand tout sommeille aux alentours,
Hortense, se tortillant d'aise,
Dit qu'elle veut que je lui plaise
Toujours ! toujours !

* Les mots sont de Banville.

Moi, je dis pour charmer mes jours
Et le souvenir de mes peines :
Bouteilles, que n'êtes-vous pleines
Toujours ! toujours !

Car le plus chaste des amours,
Le galant le plus intrépide,
Comme un flacon s'use et se vide
Toujours ! toujours[2] !

Mais il n'y a pas que la reine Pomaré dans ses amours éphémères, il y a également toutes celles qui « appartiennent à l'anonymat du ruisseau[3] » — et lui si coquet, si distingué, si épris de parfums et de jolis linges, ne s'offense « ni des dessous suspects, ni des bas troués, ni des peaux mal lavées, ni de la fétidité des hôtels borgnes et des galetas[4] », ni de la crasse de ces cabarets sordides que les habitués appellent les tapis-francs et où traînent les goualeuses. Sisina « la douce guerrière », Agathe, Alexandrine, Marguerite... Jeanne ne dit rien. L'essentiel, c'est qu'elle soit entretenue. Et, de toute façon, elle sait qu'elle exerce sur lui un pouvoir ensorcelant.

Comme il tient absolument à être membre de la Société des gens de lettres, Baudelaire cherche à fournir des articles à des journaux. L'un d'eux, *Le Corsaire-Satan*, lui plaît assez. C'est une publication satirique, née de la fusion de deux feuilles boulevardières, *Le Corsaire* et *Le Satan*, parlant des mœurs du théâtre, du mouvement des arts et de la littérature, faisant de l'esprit et des mots, recueillant les échos des coulisses, du palais et de la rue. Elle est dirigée par un polygraphe, un ancien folliculaire nommé Poidevin, ami et collaborateur de Balzac, qui trouve plus flatteur et plus sonore de se faire appeler Le Poitevin de Saint-Alme. Plutôt pluraliste, elle accueille les signatures de toute tendance, et notamment celles de certains écrivains liés à Baudelaire. À l'instar de Champfleury, toujours très actif et de plus en plus présent sur l'avant-scène de la vie parisienne, de Banville ou encore de Murger, responsable d'une rubrique fort lue et intitulée *Les Scènes de la bohème*, dans l'esprit des physiologies. Tous ces jeunes auteurs, Le Poitevin de Saint-Alme les appelle avec familiarité « ses petits crétins ».

Au cours du dernier trimestre de 1845, Baudelaire donne anonymement au *Corsaire-Satan* plusieurs textes dont *Comment on paie ses dettes quand on a du génie* qui débute par cette phrase en forme de boutade : « L'anecdote suivante m'a été contée avec prière de n'en parler à personne ; c'est pour cela que je veux la raconter à tout le monde. » Dans cet article, il n'hésite pas à brocarder deux de ses idoles, Balzac en premier lieu, « la plus forte tête commerciale et littéraire du XIXe siècle », l'homme « aux entreprises hyperboliques et fantasmagoriques », « le grand pourchasseur de rêves, sans cesse *à la recherche de l'absolu* » ; Gautier ensuite, « gros, paresseux et lymphatique », dépourvu d'idées et ne sachant qu'enfiler et « perler les mots en manière de colliers d'Osages » — ce qui est plutôt injuste, la paresse et le lymphatisme ne caractérisant guère l'auteur de *Mademoiselle de Maupin*, obligé d'écrire sans relâche pour payer ses dettes.

Avec ce texte, Baudelaire se révèle caustique, narquois et un rien méchant, donnant à penser qu'il pourrait briller à l'avenir dans le journalisme d'humeur. Et la confirmation en est apportée en mars 1846 lorsqu'il fait paraître au *Corsaire-Satan* un essai intitulé *Choix de maximes consolantes sur l'amour*.

Cet essai est plus long que *Comment on paie ses dettes quand on a du génie* et développe quelques curieux paradoxes sur l'état amoureux. Des paradoxes littéraires, il est vrai, puisque sont cités *Manon Lescaut* de l'abbé Prévost, *De l'amour* de Stendhal, *L'Âne mort*, le grand roman frénétique de Jules Janin paru en 1829, ainsi que l'éternel personnage de don Juan décrit successivement par Molière, Alfred de Musset et Théophile Gautier, don Juan qualifié de « flâneur *artistique*, courant après la perfection à travers les mauvais lieux », avant de passer pour « un vieux dandy éreinté de tous ses voyages, et le plus sot du monde auprès d'une honnête femme bien éprise de son mari[5] ».

Un nouveau Salon

En avril 1846, Baudelaire a vingt-cinq ans et il peut se targuer, sinon d'avoir déjà énormément vécu pour son jeune âge, du moins d'avoir déjà été en rapport, de près ou de loin, avec la plupart des plus grands écrivains et peintres de son époque.

L'ouverture au Louvre du Salon le rend désireux d'écrire une nouvelle brochure sur les œuvres exposées, quand bien même la précédente n'a suscité quasiment aucun écho. Il a conscience de pouvoir en parler avec discernement, selon des critères esthétiques valables fondés sur une connaissance approfondie de l'histoire de l'art, grâce à ses lectures et ses multiples visites dans les musées, les galeries et les boutiques des antiquaires. À défaut de s'être rendu, comme tant d'autres, en Italie, en Espagne, aux Pays-Bas, en Allemagne ou en Angleterre, et d'avoir admiré *de visu* les maîtres d'autrefois. Grâce, surtout, à ses immenses dons intuitifs.

Il va au Salon, regarde des tableaux, les observe longuement, patiemment, court ensuite s'installer chez un marchand de vin, commande du bourgogne et, tout en fumant des pipes de terre, note ses impressions. Sans se presser. En veillant bien à les inscrire dans une réflexion plus générale sur l'art, selon une esthétique des formes et des couleurs.

En cela, le *Salon de 1846* n'a plus l'aspect d'un simple catalogue, comme l'était grosso modo le *Salon de 1845*, mais il est bel et bien un essai nourri par des exemples concrets. Après une étrange adresse aux bourgeois qui ont institué « des collections, des musées, des galeries » et des considérations sur le rôle de la critique, sur le romantisme et, précisément, sur la couleur et ses harmonies, Baudelaire commence de nouveau son ouvrage par Delacroix. Et de rappeler, dès le deuxième paragraphe, un article de Thiers datant de 1822 et ayant trait à un tableau représentant Dante et Virgile aux Enfers — la preuve une fois de plus que pour lui les « hommes supérieurs n'ont pas d'âge[1] » puisque Thiers avait alors vingt-cinq ans et Delacroix deux ans de moins.

À ce Salon, Delacroix montre quatre de ses tableaux — *L'Enlèvement de Rébecca* tiré d'*Ivanhoé*, Les Adieux de Roméo et de Juliette, Marguerite à l'église et un *Lion*, à l'aquarelle — et Baudelaire constate que ce sont là des œuvres « populaires », que ce n'est pas le public qui est hostile au génie « universel » de l'artiste mais bien la clique des peintres eux-mêmes. Avant de se dire frappé par « cette mélancolie singulière et opiniâtre » s'*exhalant* de ces quatre extraordinaires tableaux et s'exprimant par le choix des sujets, l'expression des figures, le geste et « le style de la couleur ».

Ses pertinentes analyses, cependant, ne se limitent pas à une apologie de Delacroix. Dans les quelque cent quarante pages du volume que publie l'éditeur en herbe Michel Lévy (il a le même âge que Baudelaire), il est question d'une foule de peintres et de dessinateurs, certains encensés comme Ingres ou Achille Devéria, d'autres éreintés comme Victor Robert ou Horace Vernet, membre de l'Institut et directeur de l'École de Rome, un homme « doué de deux qualités éminentes, l'une en moins, l'autre en plus : nulle passion et une mémoire d'almanach ».

M. Horace Vernet — note-t-il au chapitre XI de son *Salon de 1846* — est un militaire qui fait de la peinture. — Je hais cet art improvisé au roulement de tambour, ces toiles badigeonnées au galop, cette peinture fabriquée à coups de pistolet, comme je hais l'armée, la force armée, et tout ce qui traîne des armes bruyantes dans un lieu pacifique.

Puis il ajoute, sans la moindre précaution oratoire :

Je hais cet homme parce que ses tableaux ne sont point de la peinture, mais une masturbation agile et fréquente, une irritation de l'épiderme français.

Naturellement, en écrivant ces mots, il songe à son beau-père qui poursuit de son côté son irrésistible ascension mais ne lui fait aucun mal et ne l'empêche pas de *salonner*…

Par rapport au *Salon de 1845*, le *Salon de 1846* contient en outre des chapitres de critique pure, en particulier sur le chic, le poncif et le paysage, ainsi qu'une charge contre la sculpture, qualifiée d'ennuyeuse et perçue comme « un art complémentaire », « un art isolé ». Et il s'achève sur des pages enthousiastes qui ont des allures de manifeste à propos de l'héroïsme de la vie moderne.

Car l'écorché vif, le neurasthénique, le bilieux, le ténébreux, le névropathe qu'est Baudelaire croit à la beauté et à son triomphe.

Toutes les beautés contiennent, comme tous les phénomènes possibles, quelque chose d'éternel et quelque chose de transitoire, — d'absolu et de particulier. La beauté absolue et éternelle n'existe pas, ou plutôt elle n'est qu'une abstraction écrémée à la surface générale des beautés diverses. L'élément particulier de chaque beauté vient des passions, et comme nous avons nos passions particulières, nous avons notre beauté.

Car il croit à une « beauté nouvelle ».

De même qu'il croit au réalisme magique :

La vie parisienne est féconde en sujets poétiques et merveilleux. Le merveilleux nous enveloppe et nous abreuve comme l'atmosphère ; mais nous ne le voyons pas[2].

À sa parution, en mai 1846, le *Salon de 1846* ne trouve pas plus de retentissement dans la presse que le *Salon de 1845*. Toutefois, il retient l'attention des connaisseurs et confère à Baudelaire — Baudelaire-Dufaÿs — une certaine autorité dans les milieux artistiques et littéraires qu'il fréquente. Pour Henri Murger, le livre mérite ainsi d'être mis sur le même pied que les œuvres critiques de Diderot, Hoffmann, Stendhal et Heine[*].

Baudelaire n'est pas mécontent. D'autant que grâce à ce *Salon* il adhère à la Société des gens de lettres et qu'il est à présent bien reçu dans la rédaction des journaux et des revues, non seulement *Le Corsaire-Satan* et *L'Artiste* mais également *L'Esprit public*, *L'Écho des théâtres* et *Le Tintamarre* où il signe quelques billets d'humeur avec Banville et un des meilleurs amis de l'auteur des *Cariatides*, Auguste Vitu, parfois sous des pseudonymes communs, entre autres Francis Lambert, Marc-Aurèle ou Joseph d'Estienne.

[*] Ces quatre noms sont nommément cités dans le *Salon de 1846*.

Un certain Samuel Cramer

À peine le *Salon de 1846* est-il mis en vente que Baudelaire apprend le décès inopiné, à l'âge de vingt-six ans, d'Émile Deroy, un de ses meilleurs et plus anciens amis, dans l'atelier duquel il se rendait très souvent et chez qui il a pu voir à de nombreuses reprises comment, au jour le jour, travaille un peintre.

Pour tenter de noyer son chagrin, il se réfugie dans sa vie de bohème, entre vin et drogues fortes, entre désenchantement et soirées plus ou moins frivoles, plus ou moins tapageuses. Il va volontiers au théâtre, avec Banville, ou encore avec Champfleury, les deux Charles (Asselineau et Barbara), et parfois avec Nadar, plus coureur que jamais. Du reste, il adore tourner autour des actrices, jolies ou pas, et quand, au théâtre de la Porte-Saint-Martin, il assiste à un spectacle de danse où se produit l'Irlandaise Lola Montes, qui se fait passer pour une Espagnole, il est tout ému.

L'envie lui vient bientôt d'écrire une nouvelle. Il met en scène le dénommé Samuel Cramer, un jeune homme qui est le « produit contradictoire » d'un blême Allemand et d'une brune Chilienne, un grand fainéant, un ambitieux triste, une créature « maladive et fantastique, dont la poésie brille bien plus dans sa personne que dans ses œuvres », jusqu'à apparaître « comme le dieu de l'impuissance », bien qu'il ait signé autrefois, sous un ronflant pseudonyme, « quelques folies romantiques ». Un de ses principaux travers est de se considérer comme l'égal de ceux qu'il a su admirer, au point de penser, après la lecture passionnante d'un beau livre, Cardan, Sterne, Crébillon fils ou Walter Scott, qu'il pourrait parfaitement l'avoir conçu et rédigé de sa main. « Il était à la fois tous les artistes qu'il avait étudiés et tous les livres qu'il avait lus, et cependant, en dépit de cette faculté comédienne, restait profondément original. »

Par ces traits, Baudelaire se projette en grande partie dans son héros. Il lui prête une aventure sentimentale avec une femme du monde, Mme de Cosmelly, qui demeure « dans une des rues les plus aristocratiques du faubourg Saint-Germain » et dont le mari volage s'est amouraché d'une « fille de théâtre fort en vogue », une « danseuse aussi bête que belle », la Fanfarlo. Sans l'avoir cherché, Samuel Cramer se sent bientôt attiré par la rivale de sa maîtresse. Elle lui paraît « légère, magnifique, vigoureuse, pleine de goût dans ses accoutrements », alors même qu'elle est « hebdomadairement éreintée au bas d'une feuille importante ». Un soir, il va la voir jouer le rôle de Colombine dans une « vaste pantomime faite pour elle par des gens d'esprit » où elle est « tour à tour décente, féerique, folle, enjouée », sublime, « autant comédienne par les jambes que danseuse par les yeux »... « La danse, écrit-il, c'est la poésie avec des bras et des jambes. » Plus tard, il s'aperçoit qu'elle et lui ont « exactement les mêmes idées sur la cuisine et le système d'alimentation nécessaire aux créatures d'élite ». Il découvre que la Fanfarlo aime « les viandes qui saignent et les vins qui charrient l'ivresse » et ne dédaigne ni les sauces, ni les ragoûts, ni les piments, ni les poudres anglaises, ni les poudres safraniques, ni les substances coloniales, ni les poussières exotiques, ni le musc, ni l'encens.

Ce personnage féminin extrêmement sensuel, c'est un peu Lola Montes, un peu la Pomaré, mais fort peu Jeanne, même si, çà et là, au détour d'un paragraphe, elle surgit en filigrane, comme une image prégnante et nécessaire.

Baptisée *La Fanfarlo*, la nouvelle paraît en janvier 1847 dans le *Bulletin de la Société des gens de lettres*. Baudelaire la signe Charles Defayis et fait mentionner dans une petite note que ce nom-là sera désormais le sien en littérature, par abréviation, après avoir utilisé celui de Charles Baudelaire-Dufaÿs.

À la lecture de *La Fanfarlo*, certains lui trouvent des accents balzaciens, sachant que Balzac est, de très loin, le romancier préféré de l'auteur et qu'il est de surcroît évoqué dans le cours du récit avec une référence directe à *La Fille aux yeux d'or*. Et sans doute se rappellent-ils les mots sur lesquels se clôture le *Salon de 1846* : « et vous, ô Honoré de Balzac, vous le plus héroïque, le plus singulier, le plus romantique et le plus poétique parmi tous les personnages que vous avez tirés de votre sein[1] ! »

Par son thème, si ce n'est par sa structure narrative, la nouvelle évoque pourtant davantage Théophile Gautier que Balzac. Sans compter qu'elle est ironique à souhait, dans le registre de *Comment on paie ses dettes quand on a du génie* et des billets confiés au *Tintamarre*.

Peu de temps après la parution de *La Fanfarlo*, Asselineau, grand dévoreur de livres et grand amateur de littérature surnaturelle, annonce à Baudelaire qu'il vient de lire dans une revue la traduction d'un conte fantastique américain qui l'a subjugué : *Le Chat noir* d'un certain Edgar Allan Poe[*]. Un auteur, dit-il, dont il a découvert le nom grâce à une courte étude publiée quelques mois auparavant dans *La Revue des Deux Mondes*, sous la signature d'Émile Forgues. Baudelaire prend immédiatement connaissance du *Chat noir* et en est subjugué à son tour. Il perçoit un ton, une vision, que n'ont pas les fantastiqueurs français, tous ou presque tous dans le sillage d'Hoffmann. Et il se promet d'aller à la découverte de l'Américain en question et de se procurer ses œuvres dans le texte original, quoiqu'il ne soit pas familier de la langue anglaise.

Mais cette heureuse révélation littéraire n'efface hélas pas les tracas de la vie de tous les jours. Car il n'a toujours pas épuré ses dettes et continue

[*] *Le Chat noir* a paru le 27 janvier 1847 dans *La Démocratie pacifique*. La traduction est signée Isabelle Meunier.

d'être relancé par ses créanciers, Arondel à leur tête. Car Ancelle, inflexible, intraitable, ne lui verse pas un sou d'avance. Car Mme Aupick n'a guère la possibilité de lui venir en aide. Sinon de temps à autre, en prélevant sur sa propre pension de maigres sommes, rapidement englouties.

Et puis il y a Jeanne, qui n'arrête pas de compter sur Baudelaire, même si elle se satisfait la plupart du temps de trois fois rien. Il lui suffit d'avoir son alcool et son tabac, de faire sa sieste chaque après-midi, de bavarder avec ses voisines, d'offrir ses nuits à son amant, quand il n'est pas parti voir une pauvre prostituée dans un bouge, ou séduire une petite actrice…

Justement, à propos d'actrice, voici Marie Daubrun. En août 1847, au théâtre de la Porte-Saint-Martin, elle tient le premier rôle de *La Belle aux cheveux d'or*, une féerie basée sur un conte de Mme d'Aulnoy et due aux frères Cogniard, Charles-Théodore et Jean-Hippolyte. Depuis *La Cocarde tricolore*, en 1831, ces deux-là vont de succès en succès avec tous les spectacles qu'ils écrivent et qu'ils montent, que ce soit des vaudevilles ou des mélodrames, des revues populaires ou des opéras-comiques, et c'est dans leur *Biche au bois*, deux ans plus tôt, qu'a débuté Lola Montes, dès son retour de Prusse.

Comme Lola Montes, Marie Daubrun, avec ses vingt ans et son joli minois, fascine Baudelaire. Ils s'aiment un moment puis, bien vite, se séparent en très mauvais termes. En souhaitant l'un et l'autre que leurs chemins ne se croisent plus jamais.

Sur les barricades

Lorsque s'achève l'année 1847, Baudelaire est aux abois. N'en pouvant plus, criblé de dettes, il écrit à sa mère dont le mari, le général Aupick, vient d'être nommé commandant de l'École polytechnique. Dans une longue lettre, il lui fait part de sa déplorable situation.

Tout heureux d'avoir un logement et des meubles, mais privé d'argent, j'en cherchais depuis deux ou trois jours, quand, lundi dernier, au soir, exténué de fatigue, d'ennui et de faim, je suis entré dans le premier hôtel venu ; et depuis ce temps, j'y reste, *et pour cause*... J'ai dépensé peu de chose, trente ou trente-cinq francs en une semaine ; mais là n'est pas tout l'embarras. Car je suppose que, par une bienveillance malheureusement toujours insuffisante, vous* veuillez bien me tirer de cette malheureuse étourderie, *demain* que faire ? Car l'oisiveté me tue, me dévore, me mange.

Deux paragraphes plus loin, il ajoute :

Il m'est arrivé de rester trois jours au lit, tantôt faute de linge, tantôt faute de bois... La dernière fois que vous avez eu

* Selon les circonstances, Baudelaire voussoie ou tutoie sa mère.

l'obligeance de me donner quinze francs, je n'avais pas mangé depuis *deux jours,* — quarante-huit heures[1] !

Là-dessus, il dit avoir pris « la sincère et violente résolution » de quitter définitivement Paris et d'aller vivre à l'île Maurice, en qualité de précepteur des enfants d'Emmelina, la belle créole, et d'Antoine Autard de Bragard. Non pas de gaieté de cœur, mais « comme châtiment et expiation » de son orgueil. Comme s'il s'agissait d'une effroyable damnation.

Il se rétracte néanmoins dès que Mme Aupick, incapable de ne pas venir au secours de son fils, lui donne un peu d'argent. Mais, au lieu d'être dévoré par l'oisiveté, il nourrit divers projets de nouvelles et même de romans, certains dans la lignée ironique et réaliste de *La Fanfarlo*, d'autres plus proches des contes d'inspiration fantastique de Balzac, de Gautier ou encore de Nodier qui est mort en 1844. Sur ses papiers, il note des titres, esquisse parfois des plans en quelques lignes : *Le Marquis invisible, Le Portrait fatal, La Ciguë islandaise, Une infâme adorée, L'Automate, L'Ami du rouge, La Maîtresse vierge, Le Catéchisme de la femme aimée, Le Suicide dans la baignoire,* « méthode analytique pour vérifier le miracle »...

Il a aussi des projets avec Champfleury qu'il voit de plus en plus et auprès duquel il passe souvent plusieurs heures par jour, notamment au café de la Rotonde situé au coin de la rue de l'École-de-Médecine et de la rue Hautefeuille, à trente mètres de sa maison natale. Ce qui les unit surtout, c'est leur intérêt pour la caricature, leur passion presque aveugle pour Daumier. Et si leurs propres goûts littéraires ne se rejoignent pas toujours, et même s'annihilent, les deux écrivains s'apprécient et s'entraident. En janvier 1848, Baudelaire ne manque pas d'ailleurs de rédiger dans *Le Corsaire-Satan* un compte rendu sur trois volumes de contes de Champfleury, *Chien-Caillou*, *Pauvre Trompette* et *Feu Miette*. Et il en flatte le style « large, soudain, brusque, poétique, comme la nature », sans « bouffissures » ni « littérature outrée ».

Grâce à l'entremise de Champfleury, Baudelaire fait la connaissance de Gustave Courbet. Lequel est heureux de le peindre, les cheveux courts, bien noirs, le nez taquin et railleur, fumant la pipe, la cravate dénouée sur la poitrine, assis à une table où sont posés des livres, un carton à dessins, un encrier et une belle plume d'oie, la main gauche appuyée sur un divan, absorbé dans la lecture d'un épais volume, une sorte de dictionnaire qui aurait été consulté à d'innombrables reprises. Rien à voir avec le portrait exécuté en 1844 par l'infortuné Deroy où Baudelaire a les cheveux en bataille, une moustache et une barbichette.

Puis, toujours grâce à Champfleury, il se lie avec Jean Wallon, un jeune philosophe très cultivé et très épris de Hegel, toujours désireux de résoudre d'ardus problèmes politico-religieux, et avec Charles Toubin, un autre collaborateur du *Corsaire-Satan*, originaire du Doubs, féru, lui, de recherches archéologiques et folkloriques, et monté à Paris pour préparer l'agrégation.

Lorsque la Révolution éclate, le 22 février 1848, tous ces artistes, peu ou prou bohèmes, se sentent brusquement concernés, prêts à se dresser contre le régime en place, à réclamer une société plus juste, plus humaine, plus *harmonieuse*. Ils sont animés par des idées de socialisme mêlé d'illuminisme et d'utopie, inspirées à la fois de Charles Fourier, d'Emanuel Swedenborg (le Swedenborg prônant le libre arbitre), de Joseph Proudhon (il a publié deux ans plus tôt *Les Contradictions économiques*) et de Pierre Leroux, un ami de George Sand, le créateur, précisément, du mot *socialisme*[*].

Selon eux, la bourgeoisie a usurpé à son bénéfice les droits acquis en 1789. L'égalité civile est une illusion pour le pauvre travailleur qui est condamné à vivre sans protection et sans ressources contre l'incertitude des événements, au sein d'un système qui l'exploite et l'exclut de ses privilèges. Comme l'écrit Fourier dans sa *Théorie de l'unité universelle*, la raison « n'a rien fait pour le bonheur, tant qu'elle n'a pas procuré à l'homme social cette fortune qui est l'objet de tous les vœux ». Et Fourier entend par *fortune sociale* « une opulence graduée qui mette à l'abri du besoin les hommes les moins riches, et qui leur assure au moins pour *minimum* le sort » qu'on nomme « médiocrité bourgeoise[**] ».

Malgré l'interdiction par François Guizot de tout rassemblement, une cohorte d'étudiants et

---

[*] Curieusement, Pierre Leroux a aussi forgé le mot *symbolisme*.
[**] *Théorie de l'unité universelle* est le titre définitif donné en 1838 au *Traité de l'association domestique agricole* paru en 1822.

d'ouvriers descend, vers trois heures de l'après-midi, les boulevards et la rue Royale. Grossissant à chaque carrefour, elle finit par envahir la place de la Concorde, tandis que s'organise un détachement de municipaux à cheval qui a reçu l'ordre de charger et de disperser la foule.

Et dans cette foule en ébullition, dans cette foule embrasée et trépidante, il y a Baudelaire.

Au grand étonnement de Courbet et de Toubin, présents eux aussi.

Ils se demandent ce qui lui passe par la tête, Baudelaire ayant toujours manifesté son aversion pour la politique et ayant toujours méprisé les républicains — des ennemis des « roses et des parfums », de Watteau, de Raphaël, du luxe, « des beaux-arts et des belles-lettres[2] », des gens qu'il faudrait *crosser* sans le moindre ménagement.

Comme surgissent des municipaux à pied au fond des Champs-Élysées, Baudelaire et ses compagnons se réfugient sur le parapet du jardin bordant la place. Une poignée d'émeutiers s'empare par surprise d'un corps de garde et y met le feu. Tout à coup, un soldat enfonce sa baïonnette dans la poitrine d'un ouvrier qui cherchait à se cacher derrière un arbre. Saisis d'horreur, Baudelaire et Courbet se hâtent d'aller en informer Émile de Girardin, le directeur de *La Presse*, le grand journal populaire fondé en 1836.

Le lendemain, le 23, ils se retrouvent tous, avec Champfleury en plus, près de la place du Châtelet et dans les rues environnantes où toutes les portes des maisons et tous les magasins sont fermés. Ici et là, un peu au hasard, on a dressé des barricades. On entend des fusillades, des roulements de sabots sur les pavés, d'incessantes vociférations. Boulevard du Temple, les insurgés apprennent la démission de Guizot. Ils débordent aussitôt d'enthousiasme et brandissent des drapeaux rouges. Des cris de joie fusent de toutes parts, ponctués par *La Marseillaise* et l'*Hymne des Girondins*.

Le 24, Baudelaire est au carrefour de Buci, avec Armand Barthet, un écrivain bisontin qu'il a également connu au café de la Rotonde. Ils sont tous les deux derrière une barricade et portent chacun sur eux un fusil de chasse et une cartouchière, après le pillage de la boutique d'un armurier. Mais Baudelaire est beaucoup plus excité que son camarade Barthet. Il hurle qu'il vient de faire « le coup de fusil ». Il va de gauche à droite, crie de plus en plus fort. Sans cesse le même refrain :

« Il faut aller fusiller le général Aupick ! »

Un journaliste versatile

Avec l'abdication de Louis-Philippe qui prend la fuite en Angleterre et la proclamation de la IIe République, le soir du 24 février 1848, la France devient presque un pays de cocagne politique : établissement du suffrage universel, création d'ateliers nationaux, suppression de l'esclavage dans les colonies, institution de la liberté de la presse... Tant et si bien que les journaux se mettent soudain à pulluler, par dizaines, par centaines, chaque écrivain et chaque échotier voulant le sien coûte que coûte, chaque homme politique cherchant à créer sa tribune pour y répandre ses opinions. Rien que du 24 au 27 février naissent ainsi *La République*, *L'Harmonie universelle*, *La Tribune nationale*, *La Voix du peuple*, *Le Moniteur républicain*, *La République française*, *L'Ami du peuple*, *Le Représentant du peuple*...

À quoi s'ajoute, toujours le 27 février, *Le Salut public*. Fondé avec très peu d'argent, le journal a trois rédacteurs, les trois *inséparables* du café de la Rotonde : Toubin, Champfleury et Baudelaire. Lequel s'est bien gardé de mettre à exécution ses menaces de mort proférées contre le général Aupick.

Le premier numéro du *Salut public*, républicain et socialiste, est tiré à quatre cents exemplaires mais les vendeurs auxquels on les confie disparaissent le jour même dans la nature. Pour le deuxième numéro, Courbet fournit une vignette. Baudelaire n'hésite pas à revêtir une blouse blanche et va se poster au carrefour de l'Odéon, en espérant en écouler lui-même des exemplaires. Il en dépose d'ailleurs quelques-uns à l'archevêché de Paris et chez François Raspail qu'il admire et qui, le 24 février, a proclamé la République à l'Hôtel de Ville de Paris. Mais c'est un échec, un échec cuisant, et *Le Salut public*, faute de moyens et de lecteurs, n'a pas de troisième numéro.

Après avoir participé à quelques houleuses réunions politiques en vue des élections à l'Assemblée constituante, Baudelaire cherche à collaborer à d'autres gazettes et trouve assez rapidement une opportunité à *La Tribune nationale*. C'est là l'« organe des intérêts de tous les citoyens » dont le riche bailleur de fonds est Combarel de Leyval, député centre-gauche du Puy-de-Dôme sous la monarchie — un organe se réclamant de Lamennais, démocratique et républicain, mais défendant l'ordre. C'est-à-dire la justice, l'union, le « règne de la raison et de la probité ». *La Tribune nationale* est donc contre « tout ce qui pourrait renouveler des temps de colère et de sang », contre les « proconsuls de hasard », contre Lamartine, jugé piètre homme d'État, et contre les doctrinaires de la République.

Baudelaire entre à *La Tribune nationale* au mois d'avril, quand la feuille en est à son troisième numéro, et il est nommé secrétaire de la rédaction. Autant dire qu'il est le *citoyen* qui « fait le journal[1] » et met en page, selon leur importance, les comptes rendus, les échos et les nouvelles. Tâche fastidieuse qu'il abandonne au bout de quelques mois afin de traduire un premier conte d'Edgar Allan Poe, *Révélation magnétique*, qui est publié le 15 juillet dans *La Liberté de penser* ; ensuite pour prendre, en octobre, la place de rédacteur en chef du très conservateur et très patriarcal *Représentant de l'Indre*, paraissant le mardi et le vendredi.

Son arrivée à Châteauroux est l'occasion d'un banquet auquel il participe, la cravate de foulard rouge nouée autour du cou, sans piper mot. Excepté lorsqu'il prend la parole au dessert et déclare, d'un ton ironique, qu'il est le dévoué domestique des « intelligences » de ses hôtes.

Le surlendemain, tout le monde est épouvanté en découvrant l'incipit du premier article de Baudelaire :

Lorsque Marat, cet homme doux, et Robespierre, cet homme propre, demandaient, celui-là trois cent mille têtes, celui-ci la permanence de la guillotine, ils obéissaient à l'inéluctable logique de leur système.

Et le scandale est à son comble quand il fait venir à Châteauroux une actrice plutôt vulgaire qu'il fait passer pour sa femme et avec laquelle il se chamaille à tout propos…

Le temps de rédiger à la hâte l'un ou l'autre article, le temps de réaliser que la vie en province lui est insupportable, Baudelaire est de retour à Paris.

Le Salut public, *La Tribune nationale*, *Le Représentant de l'Indre* : trois journaux de 1848, trois types d'opinion, trois visions divergentes de la société française.

Mais qu'est-ce qui peut pousser Baudelaire à retourner ainsi sa veste, à passer en seulement quelques semaines d'un bord à l'autre ?

En réalité, le simple et unique fait qu'il n'a pas, qu'il n'a jamais eu de convictions politiques, que chez lui n'existe aucune base pour une conviction. Qui plus est, il estime que chaque personne a le droit de déserter une cause pour savoir ce qu'on pourrait éprouver en en servant par la suite une différente ou une antinomique. Du point de vue qui est le sien, tous les hommes ont le droit de se contredire.

Baudelaire, en même temps, n'est pas dupe : il sait que son ivresse, les 22, 23 et 24 février, avait quelque chose de romantique, de littéraire, souvenir de ses lectures, en particulier les ouvrages de Joseph Proudhon, *L'Ami du peuple* de François Raspail et *Le Chant des ouvriers*, « l'admirable cri de douleur et de mélancolie » de son camarade Pierre Dupont, publié deux ans auparavant. Il sait que, durant ces trois jours fiévreux, ses amis et lui ont fait des utopies comme des châteaux en Espagne. Et enfin il sait qu'il a, ancré dans les replis les plus lointains de son être, le goût — le goût naturel — de la destruction.

En somme, son insurrection a pour but essentiel de combattre et de détruire la trivialité, et il est parfaitement conscient que cette trivialité mine aussi bien le peuple que la bourgeoisie. Non, il ne récuse pas tout à fait le progrès, mais il ne le voit que dans l'individu et par l'individu. Ce qui est également l'opinion de Delacroix lorsqu'il déclare :

J'ai beau chercher la vérité dans les masses, je ne la rencontre, quand je la rencontre, que dans les individus.

Et ce qui laisse entendre qu'aux yeux de Baudelaire comme à ceux de Delacroix, contrairement à la doctrine rousseauiste, l'homme est mauvais par nature…

L'élection triomphale du prince Louis-Napoléon Bonaparte à la présidence, le 12 décembre, achève au reste de *dépolitiser* Baudelaire. Moralement, intellectuellement, physiquement. Il n'est pas allé voter, il n'a pas plébiscité le prince, au rebours de soixante-dix pour cent des électeurs, en majorité monarchistes et catholiques. Peu lui importe que tout Paris soit désormais orléaniste.

À ses amis qui l'interrogent, il répond que, s'il avait voté, il ne l'aurait fait que pour lui. Peut-être que l'avenir, leur dit-il, appartient aux « hommes déclassés ».

Le temps du repli

Après ses expériences de journaliste qui n'aboutissent pas, Baudelaire est comme désemparé. Il jette sur le papier quelques pensées éparses, corrige certains des poèmes qu'il a accumulés, griffonne des dessins, songe de nouveau à écrire des romans dont il aligne les titres — des titres racoleurs — sur ses carnets et dont il se dit confusément, naïvement, qu'ils pourraient un jour lui assurer la fortune : *Le Crime au collège, Les Monstres, Les Tribades, Les Enseignements d'un monstre, L'Amour parricide, L'Entreteneur, La Femme malhonnête, La Maîtresse de l'idiot...*

Il lit beaucoup — des œuvres très différentes les unes des autres, aussi bien quelques contes d'Edgar Allan Poe traduits en français et parus çà et là en revue (lequel Poe, le 7 octobre 1849, vient de mourir à Baltimore à l'âge de quarante ans) que les grands textes *prophétiques* de Joseph de Maistre, décédé en 1821, l'année même de sa naissance : *Considérations sur la France*, les célèbres *Soirées de Saint-Pétersbourg ou Entretiens sur le gouvernement temporel de la Providence* et *Exa-*

men de la philosophie de Bacon. Ces ouvrages l'impressionnent, lui font prendre conscience qu'entre le monde visible et le monde invisible se tissent sans cesse des « relations mutuelles », qu'on ne saurait impliquer Dieu dans l'infirmité de l'homme, dans l'horreur du destin expiatoire de l'humanité marquée à jamais par le péché originel, et que la nature coïncide avec le mal, la seule transgression impardonnable étant l'orgueil en regard de Dieu.

Il est surtout frappé par le fait que Joseph de Maistre pose de vraies questions, *les* vraies questions, celles-là mêmes qui le préoccupent, lui, Baudelaire, celles-là mêmes qui le hantent, qui le rongent depuis son retour d'Afrique, et dont a magistralement parlé Sainte-Beuve dans une longue étude datant de 1843.

> Chez lui — écrit ce dernier —, l'imagination et la couleur au sein d'une haute pensée rendent à jamais présents les éternels problèmes. L'origine du mal, l'origine des langues, les destinées futures de l'humanité, — pourquoi la guerre ? — pourquoi le juste souffre ? — qu'est-ce que le sacrifice ? — qu'est-ce que la prière ? — l'auteur s'attaque à tous ces *pourquoi*, les perce en tous sens et les tourmente : il en fait jaillir de belles visions[1].

Chez Joseph de Maistre, Sainte-Beuve admire en outre le styliste, la verve, la langue élevée, « ferme » et « simple » de chacun de ses écrits.

Ce que Baudelaire en réalité aime dans l'œuvre du « grand théoricien théocratique », c'est sa rigueur extrême, sa haine à la fois du scepticisme, des évidences, des idées et des opinions établies, son refus d'être dupe, sa détestation de Voltaire et de tous ses émules, son analyse de la Révolution française considérée comme une entreprise *satanique*, son côté *attaquant*, ses phrases, ses phrases terribles, qui immobilisent l'esprit. Et peut-être davantage encore le fait que cet homme ardent, cet aristocrate savoyard, a réussi à supporter tout seul « l'énorme poids du rien* » et qu'il est allé à l'excès pour dire l'essentiel.

Avec Joseph de Maistre, il apprend en tout cas à *raisonner*. C'est-à-dire à voir, à comprendre le monde muni d'une clef *universelle*, à se persuader également que le dandysme dont il se réclame et dont il veut être le thuriféraire correspond on ne peut mieux à ses idéaux et à son besoin de se tenir le plus loin possible de l'agitation publique, de la foule qu'il méprise.

Ce que je pense du vote et du droit d'élections
Des droits de l'homme

Ce qu'il y a de vil dans une fonction quelconque.

Un Dandy ne fait rien.

Vous figurez-vous un Dandy parlant au peuple, excepté pour le bafouer ?

Il n'y a de gouvernement raisonnable et assuré que l'aristocratique.

Monarchie ou république basées sur la démocratie sont également absurdes et faibles.

Immense nausée des affiches.

Il n'existe que trois êtres respectables :

Le prêtre, le guerrier, le poète. Savoir, tuer et créer.

* Ces mots sont de Joseph de Maistre.

> Les autres hommes sont taillables et corvéables, faits pour
> l'écurie, c'est-à-dire pour exercer ce qu'on appelle des
> professions[2].

Bien qu'il apprenne ainsi à raisonner, Baudelaire n'en continue pas moins de se comporter comme un être *déraisonnable*. En novembre 1849, comme si sa brève aventure à Châteauroux et au *Représentant de l'Indre* ne lui avait pas servi de leçon, il gagne Dijon afin de collaborer au *Travail*, soustitré « Journal des intérêts populaires » — ce qui n'a rien, absolument rien de maistrien. Il s'installe à l'hôtel, fermement décidé à trouver un logis, à le meubler et à y faire venir Jeanne. Mais il ne rencontre que des déceptions et, au bout de quelques mois d'errance, d'ennui et de nouvelles souffrances consécutives à sa syphilis contractée des années auparavant, il rentre à Paris, plus désarçonné que jamais. Il loue un petit appartement à Neuilly, 95 avenue de la République.

Dès que l'occasion se présente, ou même lorsqu'elle ne se présente pas, il se répand alors volontiers en provocations et, d'ordinaire, raconte n'importe quoi à n'importe qui. Par exemple qu'il est le fils d'un prêtre défroqué. Qu'il s'est fait violer par des marins, à l'époque où il voyageait sur le *Paquebot-des-Mers-du-Sud*, commandé par le capitaine Saliz. Qu'il a dérobé les sujets du baccalauréat après avoir couché avec la gouvernante d'un examinateur. Qu'il a longtemps séjourné en Inde où il a connu toutes les sortes de femmes et toutes les sortes de débauches. Que le général

Aupick a volé à sa mère la *gigantesque* fortune que son père lui aurait laissée à sa mort...

Encore que certaines de ses mystifications aient parfois un agréable parfum de canular.

Tombant ainsi un beau matin sur Banville dans la rue, Baudelaire lui propose d'aller prendre un bain en sa compagnie, puis, un peu plus tard, lui lance à brûle-pourpoint, d'un air doucereusement perfide, alors qu'ils sont immergés dans l'eau tiède tous les deux : « Maintenant que vous êtes sans défense, mon cher confrère, je vais vous lire une tragédie en cinq actes ! »

Entre deux éditeurs

Au mois de juin 1850, Baudelaire donne deux poèmes au *Magasin des familles* sous la rubrique « Poésies de la famille » : *Le Vin des honnêtes gens* et *Châtiment de l'orgueil*. Cette double insertion ne manque pas de surprendre l'entourage de l'écrivain car le périodique en question s'adresse avant tout aux « dames » et aux « demoiselles » et aborde dans ses colonnes autant la mode et les « travaux à l'aiguille » que l'art et la littérature — la littérature propre et convenue. La parution est accompagnée d'une note annonçant que l'auteur publiera très prochainement un livre intitulé *Les Limbes*, « destiné à représenter les agitations et les mélancolies de la jeunesse moderne ».

Ce nouveau titre, succédant aux *Lesbiennes*, Baudelaire le trouve plus conforme à l'esprit et à la lettre de ses poèmes. Il l'adopte en songeant à certains tableaux mélancoliques de Delacroix à propos desquels il a noté dans son *Salon de 1846* :

Cette mélancolie respire jusque dans les *Femmes d'Alger*, son tableau le plus coquet et le plus fleuri. Ce petit poème d'intérieur, plein de repos et de silence, encombré de riches étoffes et de brimborions de toilette, exhale je ne sais quel haut parfum de mauvais lieu qui nous guide assez vite vers les limbes insondés de la tristesse[1].

En principe, Baudelaire réserve l'édition de ses *Limbes* à Michel Lévy qui a publié le *Salon de 1846* et qui annonce, sur la page 4 de couverture du volume, comme « à paraître "prochainement par le même", *Les Lesbiennes et Le Catéchisme de la femme* ».

Aidé par ses deux frères, Calmann et Nathan, sa famille et de nombreuses et solides relations, Michel Lévy a rapidement développé ses activités d'éditeur et étendu son réseau commercial. Il a misé avec succès sur le théâtre (en majorité le vaudeville et le mélodrame) et sur certains auteurs de renom tels que Prosper Mérimée, Frédéric Soulié, Paul Féval et Alexandre Dumas dont il a entrepris la publication des œuvres complètes à partir de 1849. Non sans consentir de gros efforts publicitaires, à Paris et en province. Il s'est aussi attaché à l'œuvre dramatique de Victor Hugo, aux écrits de l'abbé de Lamennais et à ceux d'Alphonse de Lamartine, il a noué des contacts très sérieux avec George Sand afin de faire paraître désormais tout ce qu'elle produit, ses romans, son théâtre, ses impressions de voyages, ses textes autobiographiques…

Michel Lévy, dont la librairie est située au 2 bis rue Vivienne, a d'autre part eu la chance d'éditer des livres qui ont connu un certain succès, à l'instar de *Jérôme Paturot à la recherche de la meilleure des républiques* de Louis Reybaud et des *Scènes de la vie de bohème* d'Henri Murger, aussi bien dans leur version romancée que dans leur version scénique (la première, au Théâtre des Variétés, a été un triomphe, avant de drainer des semaines durant des foules de spectateurs). À partir d'août 1850, il commence de surcroît à publier, à tout petits prix, les grandes pièces de Corneille et de Racine. C'est dire si, à la fin des années 1840 et au début des années 1850, le jeune et grand entrepreneur qu'il est occupe une place prépondérante au sein de la vie culturelle française, mais aussi au sein de la vie politique française puisque dans son catalogue figurent également Adolphe Thiers, Louis Blanc, Désiré Nisard ou Louis-Philippe en personne, « l'ex-Roi des Français », selon les propres mots du souverain déchu.

Si Michel Lévy attend depuis plus de trois ans et demi le manuscrit des *Lesbiennes* à présent rebaptisé *Les Limbes*, c'est que Baudelaire en est toujours à amender ses poèmes, à les remettre à tout moment sur le métier, à chercher dans quel ordre exact il conviendrait de les faire paraître. À Asselineau qui s'en inquiète, il répond toutefois qu'il les a réunis dans deux carnets cartonnés et qu'il vient de les confier à un calligraphe — signe qu'il est désireux de les apporter bientôt à un éditeur.

Un soir, il se trouve chez la mère Perrin, une femme qui tient table d'hôte rue du Petit-Lion-Saint-Sulpice et où il se rend régulièrement en compagnie de Champfleury et de Jean Wallon, quand il fait la connaissance d'Auguste Poulet-Malassis.

Descendant d'une très vieille famille d'imprimeurs normands dont les presses à Alençon remontent au XVIᵉ siècle, Auguste Poulet-Malassis est de quatre ans son cadet et, comme lui, extrêmement sensible aux écrivains en marge, aux oubliés, aux dédaignés et aux irréguliers de la littérature. Du reste, il a déjà donné, à l'âge de seize ans à peine, une notice sur les contes de Bonaventure des Périers dans *La Revue de l'Orne* et, à dix-sept, une réimpression tirée à trente exemplaires d'une pièce de Guillaume Le Rouillé.

Admis en août 1847 au grade de bachelier par la faculté des lettres de Paris, il s'est présenté en septembre à l'École des chartes et y a été reçu avec succès deux mois plus tard. Pourtant, au lieu d'embrasser la belle carrière d'archiviste qui lui était promise, il a pris fait et cause pour la Révolution de 1848 et, comme Baudelaire et Champfleury, s'est lancé dans l'excitante aventure du journalisme de combat en fondant son *Salut public* à lui : *L'Aimable Faubourien*, sous-titré « Journal de la canaille », en référence ludique à des propos tenus par Louis-Philippe cherchant « une ressource victorieuse pour maintenir dans le devoir et la soumission la très turbulente population de Paris et ses aimables faubourgs ».

Malgré ses origines normandes, Poulet-Malassis a apporté à *L'Aimable Faubourien* la faconde d'un titi parisien, au sein d'une rédaction composite où s'est distingué entre autres Alfred Delvau, un auteur attiré, lui, par la langue verte et par les à-côtés de l'Histoire. Mais le journal n'a pas été plus heureux que *Le Salut public* et que les quatre-vingt-dix pour cent des quelque cinq cents gazettes surgies dans les jours et les semaines qui ont suivi le 24 février 1848 : après cinq numéros, il a arrêté sa parution.

Bientôt, Baudelaire et Poulet-Malassis fréquentent aussi la Laiterie du Paradoxe, rue Saint-André-des-Arts, où viennent également Alfred Devau, Nadar, Privat d'Anglemont et parfois Gérard de Nerval. Ils sympathisent de plus en plus, quoique le dandysme, l'individualisme farouche de Baudelaire et la grande ferveur républicaine de Poulet-Malassis ne se rejoignent guère. Ils évoquent ensemble des écrivains du passé que peu de gens connaissent et lisent, parlent avec passion de bibliophilie, d'ouvrages remarquables par la beauté de leur typographie et la qualité de leur mise en pages, d'illustrateurs, de reliures à la fanfare, de reliures à la hollandaise, de reliures au vernis Martin, de gaufrures, de fers à truc, de parterres, de chapiteaux, des frères Bozérian qui ont révolutionné l'art d'embellir les livres...

Mince et blond, un blond virant vers le roux, les yeux bleus et pétillants, le visage allongé par une barbiche pointue, l'air un rien goguenard, ressemblant à Henri III, Poulet-Malassis, à vingt-cinq ans, a de prime abord tout pour plaire, tout pour réussir. Déjà, il songe à faire de l'édition son activité principale.

L'homme de trente ans

Tout en peaufinant une future édition de ses *Limbes* en volume, Baudelaire passe souvent dans ses écrits d'un genre à l'autre : poésie, essai, critique littéraire, critique artistique... Il pense qu'il pourrait également parler de musique. Dans la plupart des cas, il travaille en fonction des opportunités de publication qui pourraient se présenter à lui et des gens qu'il rencontre, sans idées préconçues.

Si ce n'est qu'il cherche en premier lieu à gagner de l'argent.

Depuis plus de deux ans, il ne peut plus, il est vrai, compter sur le soutien financier occasionnel de sa mère, puisque celle-ci réside désormais à Constantinople où le général Aupick a été nommé ambassadeur. Quelques jours à peine avant leur départ, Aupick lui a du reste une nouvelle fois vertement reproché sa liaison *scandaleuse* avec Jeanne Duval, une femme, a-t-il prétendu, qui le gruge et le trompe. Ce qui a achevé de les brouiller.

En février 1851, Baudelaire entre en relation avec Félix Solar, un bibliophile invétéré, grand amateur de littératures anciennes. D'abord auteur de vaudevilles, Félix Solar, qui est né en 1815, s'est, lui aussi, lancé dans le journalisme et a été un des fondateurs de *L'Époque* et le rédacteur en chef de *La Patrie*. À présent, il s'occupe du *Messager de l'Assemblée*, quotidien politique et littéraire paraissant le soir qui vient de voir le jour. En mars, il accepte d'y publier, en quatre sections, *Du vin et du hachich comparés comme moyens de multiplication de l'individualité*, essai que Baudelaire a rédigé à partir de ses expériences personnelles (spécialement toutes celles vécues à l'hôtel Pimodan).

Le 9 avril, le jour de son trentième anniversaire, Baudelaire a la joie de découvrir dans le même *Messager de l'Assemblée* onze de ses poèmes. Ce sont *Le Mauvais Moine, L'Idéal, Le Mort joyeux, Les Chats, La Mort des artistes, La Mort des amants, Le Tonneau de la haine, De profundis clamavi, La Cloche fêlée, Les Hiboux* et un dernier poème commençant par *Pluviôse, irrité contre la ville entière.* Ils sont regroupés sous le titre général *Les Limbes*, conformément à l'annonce du *Magasin des familles*, dix mois plus tôt.

À peine a-t-il le temps de savourer cette publication, la plus importante jamais entreprise de ses poèmes, qu'il apprend que son beau-père est sur le point de quitter l'ambassade de France de Constantinople et que la chancellerie lui réserve une nouvelle affectation. De fait, en juin, le général et Mme Aupick sont de passage à Paris où ils logent à l'hôtel du Danube, rue Richepanse — une halte de quelques courtes semaines avant de repartir à l'étranger, non pas à Londres comme il en a été question un moment, mais à Madrid.

Baudelaire revoit enfin sa mère. Au début, leurs retrouvailles sont émaillées de disputes : il la maudit, lui en veut de l'avoir laissé dans le dénuement. Elle, de son côté, qui est presque sexagénaire et qui est devenue une dame élégante, lui assure qu'elle n'a jamais cessé de l'aimer et de penser à lui, et qu'elle s'est sentie coupable de l'avoir abandonné à son sort. Mais ils ont vite fait tous les deux de se répandre en pardons et en absolutions réciproques — lui, le premier, qui réalise à quel point sa mère conditionne son existence.

Ce mois de juin 1851 étant fort beau, ils en profitent pour se promener à Paris et dans la banlieue. Il évoque son enfance, le foyer de la rue Hautefeuille, ces années heureuses lorsqu'il n'était encore qu'un petit garçon innocent et gâté.

Comme si, dans son étrange et singulier destin, tout s'était joué là, et uniquement là...

Ce n'est toutefois qu'une parenthèse et quand, en juillet, Mme Aupick gagne Madrid où son brillant ambassadeur de mari l'a précédée, Baudelaire retrouve Jeanne, l'autre femme de sa vie.

Désormais, ils habitent ensemble, partagent les mêmes garnis, au hasard de leurs infortunes. Après le repli sur Neuilly, c'est pour l'heure la rue des Marais-du-Temple. Jeanne n'est plus « le serpent qui danse », elle n'a plus un corps qui « se penche et s'allonge comme un fin vaisseau », elle n'a plus cette « chevelure profonde aux âcres parfums », elle est maintenant une « muse malade ».

Ma pauvre muse, hélas ! qu'as-tu donc ce matin ?
Tes yeux creux sont peuplés de visions nocturnes,
Et je vois tour à tour réfléchies sur ton teint
La folie et l'horreur, froides et taciturnes[1].

Elle a bien vieilli, Jeanne. Elle a grossi, elle s'est enlaidie mais, avec les années, elle a aussi acquis un certain aplomb. Naguère encore, elle laissait Baudelaire faire ce qu'il avait envie, sans le réprouver ni le blâmer, tandis qu'aujourd'hui elle n'hésite pas à l'accabler à tout bout de champ. Elle le traite de tous les noms, elle lui répète qu'il n'est qu'un raté, qu'il est incapable de vivre de sa plume, qu'il court en vain les rédactions des journaux afin de pouvoir placer ses articles, en particulier ceux qu'il a tout récemment consacrés à la caricature, une de ses marottes, et qu'on lui refuse. Elle lui avoue qu'elle le trompe. Parce que, dit-elle, elle y est contrainte. Parce qu'il n'a pas les moyens de la nourrir.

C'est dans ce climat délétère que Baudelaire rédige une étude sur Pierre Dupont qui a, à quelques jours près, le même âge que lui et qu'il connaît depuis 1844. En août 1851, cette étude sert de préface à la vingtième livraison des *Chants et chansons* de son ami. Elle est des plus chaleureuses. « Quand j'entendis — écrit Baudelaire — cet admirable cri de douleur et de mélancolie [*Le Chant des ouvriers*, 1846], je fus ébloui et attendri. Il y avait tant d'années que nous attendions un peu de poésie forte ou vraie ! » Il admire chez Pierre

Dupont « sa confiance illimitée dans la bonté native de l'homme », « son amour fanatique de la bonté » et sa « joie » expliquant, selon lui, « le succès légitime » de toutes ses œuvres. « Ce sera l'éternel honneur de Pierre Dupont d'avoir le premier enfoncé la porte. La hache à la main, il a coupé des chaînes du pont-levis de la forteresse ; maintenant la poésie populaire peut passer. »

Puis de conclure :

Il ne suffit pas d'avoir la voix juste ou belle, il est beaucoup plus important d'avoir du sentiment. La plupart des chants de Dupont, qu'ils soient une situation de l'esprit ou un récit, sont des drames lyriques, dont les descriptions font les décors et le fond. Il vous faut donc, pour bien représenter l'œuvre, *entrer dans la peau* de l'être créé, vous pénétrer profondément des sentiments qu'il exprime, et les si bien sentir, qu'il vous semble que ce soit votre œuvre propre[2].

Cette dernière phrase, c'est, à la vérité, le credo même de Baudelaire. À ses yeux, une œuvre n'existe que s'il peut y pénétrer corps et âme.

Et que s'il peut absolument s'identifier à son auteur.

Comme Edgar Allan Poe.

Un saint maudit

Après avoir fait demander auprès d'un libraire de Londres les œuvres complètes de Poe, Baudelaire se décide à rédiger une étude sur l'auteur de *Révélation magnétique* — ce conte qu'il a lui-même traduit en 1848 pour *La Liberté de penser* et dans l'introduction duquel il a affirmé que les écrivains « forts » sont tous « plus ou moins philosophes ». Et de citer les noms de Sterne, Diderot, Laclos, Hoffmann, Goethe, Richter, Maturin, l'auteur de *Melmoth* dont il aimerait bien donner une nouvelle version, et Balzac qui est mort en 1850 et qu'il vénère.

Au vrai, en cette année 1852, il ne connaît qu'imparfaitement l'auteur américain. Toutefois, ce qu'il en a lu, ce qu'il en a appris et ce que lui en ont dit ses deux camarades, Asselineau et Barbara, lui paraît très proche de ses aspirations, de ses goûts et de ses idées personnelles. Aussi s'empresse-t-il également de se renseigner sur la vie de cet homme, de réunir des informations et des documents qui lui permettraient de se familiariser avec elle. Il met ainsi la main sur l'étude d'Émile Forgues parue dans *La Revue des Deux Mondes* en 1846, la première sur Poe en langue française, et sur divers mémoires biographiques et notices nécrologiques rédigés aux États-Unis, et plus singulièrement sur celui de Rufus W. Griswold, son éditeur et exécuteur testamentaire à New York.

Concernant une multitude de points, Griswold égrène des contre-vérités et des bévues et donne une fausse image, pour ne pas dire une image dénaturée et honteuse de Poe. Jusqu'à l'avilir et oser prétendre que peu de gens ont éprouvé du chagrin, le 9 octobre 1849, en apprenant la nouvelle de sa mort. Et jusqu'à l'assimiler à un dangereux opiomane, alors que Poe n'a jamais consommé que du laudanum, comme l'ont fait des milliers et des milliers d'autres individus à la même époque, dans le seul but de se soigner.

Tous ces témoignages[1], avérés ou non, Baudelaire, isolé à Paris, n'a, bien entendu, pas la possibilité de les mettre en doute ni d'en vérifier l'exactitude. Mais, au fond, ce n'est pas ce qui réellement le préoccupe, son propos consistant d'abord et avant tout à entrer en profondeur dans une œuvre des plus originales dont il est tombé amoureux et, à travers elle, à se représenter puis à comprendre le génie de l'individu qui l'a créée de toutes pièces. Dans cette démarche, il ne peut pas, il est vrai, ne pas penser à lui-même, au poète qu'il est, à ce qu'il a vécu et enduré depuis son enfance. Ni à sa double et obscure fascination de la beauté et de l'obscénité.

Tous ceux qui ont réfléchi sur leur propre vie, qui ont souvent porté leurs regards en arrière pour comparer leur passé avec leur présent, tous ceux qui ont pris l'habitude de psychologiser facilement sur eux-mêmes, savent quelle part immense l'adolescence tient dans le génie définitif d'un homme. C'est alors que les objets enfoncent profondément leurs empreintes dans l'esprit tendre et facile ; c'est alors que les couleurs sont voyantes, et que les sons parlent une langue mystérieuse. Le caractère, le génie, le style d'un homme est formé par les circonstances en apparence vulgaires de sa première jeunesse. [...] Les couleurs, la tournure d'esprit d'Edgar Poe tranchent violemment sur le fond de la littérature américaine. [...] Tous les contes d'Edgar Poe sont pour ainsi dire biographiques. On trouve l'homme dans l'œuvre. Les personnages et les incidents sont le cadre et la draperie de ses souvenirs[2].

Ce qui frappe Baudelaire à la lecture attentive des contes de Poe, c'est qu'ils tirent tous leurs effets de la cohésion et de la logique, alors que, par comparaison, Hoffmann fait reposer son fantastique sur l'arbitraire et les incohérences de l'imagination. En un certain sens, ils ne sont pas loin de ressembler à des bulletins scientifiques décrivant par le menu des cas de névrose, des délires, des *distorsions de personnalité*, des épouvantes, des événements hideux, un peu comme s'ils étaient l'effrayante démonstration d'un théorème *poétique* de géométrie. Et tous, ou presque, sont des contes maléfiques, des contes rôdant, tournant sans cesse autour des puissances des ténèbres et ne sacralisant que l'absolu triomphe de la mort : *William Wilson, La Chute de la maison Usher, Morella, Ligeia, Le*

Mystère de Marie Roget, *Le Masque de la mort rouge*, *La Vérité sur le cas de M. Valdemar*, *Double assassinat dans la rue Morgue*... Des contes où, le plus souvent, ce sont des femmes qui succombent. Comme dans la vie tragique de Poe qui a vu mourir successivement des amies avec lesquelles il avait eu des relations, sa mère et sa femme. Mais, chose fort bizarre, aucun de ces nombreux contes mettant en scène des femmes ne raconte une histoire d'amour, ni ne célèbre la sensualité féminine.

Ce qui frappe par ailleurs Baudelaire, c'est que Poe dans ses contes supprime en général les « accessoires » ou, à tout le moins, ne leur accorde qu'une « valeur très minime ». « Grâce à cette sobriété cruelle, l'idée génératrice se fait mieux voir et le sujet se coupe ardemment sur ces fonds nus. » Et Baudelaire de préciser :

Dans Edgar Poe, point de pleurnicheries énervantes. [...] On dirait qu'il cherche à appliquer à la littérature les procédés de la philosophie, et à la philosophie la méthode de l'algèbre. [...] Ainsi, les paysages qui servent quelquefois de fond à ses fictions fébriles sont-ils pâles comme des fantômes. Poe, qui ne partageait guère les passions des autres hommes, dessine des arbres et des nuages qui ressemblent à des rêves de nuages et d'arbres, ou plutôt, qui ressemblent à ses étranges personnages, agités comme eux d'un frisson surnaturel et galvanique[3].

Son étude qu'il intitule *Edgar Allan Poe, sa vie et ses ouvrages*, Baudelaire la soumet à *La Revue de Paris*. Fondé en 1829, par Louis Véron (tout le monde l'appelle couramment Dr Véron), ce mensuel littéraire a connu un formidable essor au début des années 1830 et a accueilli les signatures romantiques les plus prestigieuses, de Balzac à Eugène Sue, d'Alfred de Musset à George Sand, en passant par Charles Nodier, Alexandre Dumas, Alfred de Vigny ou Sainte-Beuve ; mais il a cessé de paraître en 1834 (le Dr Véron ayant préféré investir ses capitaux dans la presse de grande diffusion), avant d'être racheté par François Buloz et de devenir, jusqu'en 1845, une simple annexe de *La Revue des Deux Mondes*.

Reprise depuis 1851, *La Revue de Paris* se présente à présent sous une toute nouvelle mouture. Elle est dirigée par une équipe réduite d'écrivains parmi lesquels se trouvent Théophile Gautier, Maxime Du Camp et Arsène Houssaye, naguère encore directeur de *L'Artiste*, plus homme de lettres et arriviste que jamais.

L'étude sur Poe est insérée dans les numéros de mars et avril 1852 de *La Revue de Paris*, grâce à l'intervention de Gautier auquel Baudelaire remet également plusieurs de ses poèmes, en formant le vœu de les voir paraître, eux aussi, dans une des prochaines livraisons.

Entre-temps, il s'est encore violement disputé avec Jeanne. Des voisins colportent qu'il lui a même assené un coup de chandelier sur la tête et qu'il aurait pu perpétrer un meurtre si, au dernier moment, se rendant soudain compte de l'horreur de son acte, il ne s'était pas retenu.

Au terme de longues et épuisantes querelles, sa « tête devenant littéralement un volcan malade[4] », il finit par se séparer de Jeanne et quitter la rue des Marais-du-Temple pour aller d'abord s'installer seul, à la fin du mois de mai, boulevard Bonne-Nouvelle, puis, cinq mois plus tard, dans un hôtel de la rue Pigalle. Avec lui, il n'emporte que quelques maigres et indispensables bagages. Dont des éditions des œuvres de Poe en anglais, des dictionnaires, des lexiques.

Car, décidément, il est obsédé par l'auteur du *Chat noir* qu'il compare à un saint maudit et dont il tient coûte que coûte à traduire tous les contes et le roman *Aventures d'Arthur Gordon Pym* édité à New York en 1838. Et, tandis que deux de ces histoires qu'il qualifie d'*extraordinaires* sont publiées en octobre — *Le Puits et le pendule* dans *La Revue de Paris*, et *Philosophie de l'ameublement* (le texte tient davantage de la réflexion critique que de la fiction) dans *Le Magasin des familles* —, une autre femme lui fait tourner la tête : Apollonie Sabatier.

Lettre à la Présidente

En lisant *Émaux et camées* de Théophile Gautier qui vient de paraître chez Eugène Didier, un petit volume d'une centaine de pages, Baudelaire découvre avec émotion, à la page 93, un poème de huit strophes intitulé *À une robe rose*. Il n'a aucune peine à deviner que ces vers célèbrent Mme Sabatier, une femme qu'il admire, lui aussi, et qu'il aime secrètement d'un amour fou.

Que tu me plais dans cette robe
Qui te déshabille si bien,
Faisant jaillir ta gorge en globe,
Montrant tout nu ton bras païen !

Frêle comme une aile d'abeille,
Frais comme un cœur de rose-thé,
Son tissu, caresse vermeille,
Voltige autour de ta beauté

[...]

Et ces plis roses sont les lèvres
De mes désirs inapaisés,

Mettant au corps dont tu les sèvres
Une tunique de baisers.

Mme Sabatier n'est en réalité Madame que parce que Gautier a décidé un beau jour de la baptiser ainsi. Pour l'état civil, elle est seulement Aglaé Apollonie Savatier. Née à Mézières dans les Ardennes, en 1822, elle aurait pu fort bien s'appeler Mme Alfred Mosselman, voire Mme Richard Wallace, du nom de ses généreux et fortunés protecteurs dont elle a été la maîtresse et qu'elle continue de voir, mais elle a préféré ne pas se marier afin de vivre le plus librement du monde.

Elle est grande, elle a de belles proportions, des cheveux soyeux d'un châtain doré, le teint clair et uni, la bouche petite et rieuse. Sans être hautaine ni farouche, elle promène partout où elle va un air triomphant, juste de quoi mettre autour d'elle de la lumière et du bonheur, et elle s'habille comme elle en a envie, indifférente à la mode, mais toujours avec la plus grande élégance. Sa beauté est si resplendissante et son corps si superbe que tous les peintres et les sculpteurs désirent l'avoir pour modèle. En 1846, à la demande expresse de Mosselman, elle a posé pour Auguste Clésinger qui a réalisé non seulement son buste mais aussi une sculpture, *Femme piquée par un serpent*. On la voit, le visage contorsionné, la poitrine nue et la hanche abondante, le serpent n'étant qu'un prétexte pour faire onduler son corps aux rondeurs fermes « autant sous l'effet du spasme érotique que sous celui de la douleur[1] ». Ces deux pièces remarquables, exposées au Salon de 1847, font scandale.

Depuis 1849, Mme Sabatier habite le cinquième étage d'un immeuble de la rue Frochot, presque au coin de la place de la Barrière-Montmartre, où elle dispose d'un appartement mansardé sous comble. Tous les dimanches, sur le coup de six heures, elle y reçoit à dîner des amis, neuf fois sur dix des écrivains, des musiciens et des peintres. Y viennent d'ordinaire Théophile Gautier, flanqué le plus souvent de sa compagne Ernesta Grisi, Maxime Du Camp, Henri Monnier, Auguste Clésinger, Jules Barbey d'Aurevilly, Ernest Feydeau, Gustave Flaubert, quand il est de passage à Paris, et son ami d'enfance le poète Louis Bouilhet, le Marseillais Ernest Reyer, monté à la capitale depuis peu et dont le premier opéra *Le Sélam*, joué en 1850, est basé sur un texte de Gautier... Ou encore Alfred de Musset, qui est entré depuis peu à l'Académie française...

Chacun y a son surnom : Gautier justement, c'est Théo ou l'Éléphant, et sa compagne la Dinde ; Barbey d'Aurevilly, c'est le Connétable, Flaubert le Sire de Vaufrilard sans que personne sache comment ni pourquoi ce titre nobiliaire lui a été attribué, Feydeau tantôt le Grand Nécrophore, tantôt le Colonel des Métaphores, ou même, ce qui est plus difficile à prononcer, Naboukoudouroussour, Mosselman Mac à Roull, Bouilhet Monseigneur à cause de son ventre arrondi... Quant à Mme Sabatier, elle-même, compte tenu de l'importance de sa position, elle hérite bientôt du surnom envié et respecté de la Présidente.

Baudelaire est également un des plus assidus à ces réunions. Mme Sabatier, il l'a connue à l'époque où il logeait à l'hôtel Pimodan et quand il y participait aux fantasias organisées par Joseph-Fernand Boissard : elle y avait été conviée un après-midi d'été avec sa jeune sœur Adèle (cette jeune sœur, tout le monde l'appelle Bébé) et une amie, après qu'elles étaient sorties des bains de l'hôtel Lambert, un établissement de l'île Saint-Louis alors très en vogue. Et plus Baudelaire prend l'habitude de venir rue Frochot, plus Mme Sabatier le fascine.

Chez elle, il a la réputation d'un cérébral ; mais il sait être charmeur, au besoin très charmeur sous des dehors parfois bourrus de faux misogyne, et il n'est pas d'un caractère taiseux. On y cause au demeurant de tout avant, durant et après le dîner — d'art, de littérature, de philosophie, d'opéra, de politique. Aucun sujet ne rebute la maîtresse de maison, même les discussions les plus grivoises, les plaisanteries de salles de garde, les histoires scatologiques et les gravelures, les *porqueries*, une des spécialités de Théo, alias l'Éléphant.

Ce genre de propos, Baudelaire se garde toutefois de les tenir. Quand il intervient, c'est plutôt pour raconter l'une ou l'autre histoire macabre de Poe, pour développer d'incroyables paradoxes, pour faire part d'une opinion, sans nuance aucune, d'une voix sarcastique. Avec ses yeux bruns où brille une lueur intense, sa lippe tombante, sa bouche au rictus narquois, sa mâchoire qui tremble, comme sous l'effet d'un tic, il paraît très sûr de lui — très sûr de sa *différence*.

Ce qui ne le rend pas toujours sympathique aux autres habitués de la rue Frochot. Ils le trouvent souvent insupportable, vaniteux, par trop poseur — sinon ridicule avec les drôles de vêtements dont il s'affuble et qui paraissent exagérément recherchés, et avec son besoin compulsif de se distinguer à tout prix. Certains qui l'ont connu portant les cheveux longs, puis ébouriffés, le voient désormais le front dégarni, barré par une mèche recourbée, et ont parfois la curieuse impression d'avoir affaire à un homme d'âge mûr, alors qu'il n'a que trente et un ans...

Et dire qu'il est amoureux de la Présidente !

Il n'est pas le seul, non, tous ceux qui se pressent à sa table le sont peu ou prou, mais il est sans doute le seul à en faire l'incarnation de la femme idéale, à la voir comme un ange et comme une madone, comme une créature rédemptrice.

Pourtant il n'ose pas se déclarer. Il y a trop de distance entre elle et Jeanne, entre elle et toutes les filles dans les bras desquelles il est allé se perdre tant de fois...

Lorsqu'il découvre *À une robe rose* dans le recueil *Émaux et camées* de Gautier, l'idée lui vient soudain d'imiter le « parfait magicien ès lettres françaises ». Très vite, il compose une pièce dans le même mètre, des quatrains octosyllabiques. Excepté que ses vers comptent neuf syllabes, une de plus. Et il les intitule *À une femme trop gaie*.

Ta tête, ton geste, ton air
Sont beaux comme un beau paysage ;
Le rire joue en ton visage
Comme un vent frais dans un ciel clair.

[...]

Ainsi, je voudrais, une nuit
Quand l'heure des voluptés sonne,
Vers les trésors de ta personne,
Comme un lâche, ramper sans bruit,

Pour châtier ta chair joyeuse,
Pour meurtrir ton sein pardonné,
Et faire à ton flanc étonné
Une blessure large et creuse,

Et, vertigineuse douceur !
À travers ces lèvres nouvelles,
Plus éclatantes et plus belles,
T'infuser mon venin, ma sœur !

Ce poème voluptueux, Baudelaire a cependant peur de le remettre en main propre à la Présidente. Il le glisse dans une enveloppe, non sans avoir déguisé son écriture, et la lui envoie sous l'anonymat avec ce mot, en date du 9 décembre 1852 :

La personne pour qui ces vers ont été faits, qu'ils lui plaisent ou qu'ils lui déplaisent, quand même ils lui paraîtraient tout à fait ridicules, est bien humblement *suppliée* de ne les montrer à *personne*. Les sentiments profonds ont une pudeur qui ne veut pas être violée. L'absence de signature n'est-elle pas un symptôme de cette invincible pudeur ? Celui qui a fait ces vers dans un de ces états de rêverie où le jette souvent l'image de celle qui en est l'objet l'a bien vivement aimée, sans jamais le lui dire, et conservera *toujours* pour elle la plus tendre sympathie[2].

Un stratagème puéril ?

Pour le moins un geste touchant. Et sans doute incompréhensible de la part d'un homme qui se prétend au-dessus des contraintes et affiche un profond mépris pour toutes les sacro-saintes convenances imposées par la bonne société impériale.

À moins que ce geste ne corresponde à son idéalisation de la femme. À moins qu'il ne soit l'expression de l'inhibition extrême qu'elle provoque chez lui et qu'accentue son obsédante culpabilité d'être atteint par la syphilis. Quel malheur, quel terrible désastre d'être contagieux « quand on n'aime chez autrui que la pureté[3] » !

Le plus comique dans cette affaire, c'est qu'au cours des semaines qui suivent l'envoi de sa lettre anonyme accompagnée du poème *À une femme trop gaie*, Baudelaire continue de venir aux dîners de la Présidente, comme si de rien n'était, l'air narquois et presque dédaigneux.

Mais la Présidente n'est pas dupe, elle sait que c'est lui son correspondant énamouré, même si elle feint, subtile coquetterie féminine, de ne pas le savoir. Au fond, elle est ravie.

Au confessionnal du cœur

En avril 1853, le général Aupick étant nommé sénateur d'Empire et élevé à la dignité de grand officier de la Légion d'honneur, il s'installe avec Mme Aupick rue du Cherche-Midi. Baudelaire commence à revoir plus régulièrement sa mère et la supplie de lui venir en aide car les dettes qu'il a contractées ne cessent de s'accumuler.

L'une d'entre elles a trait à un contrat qu'il a conclu avec Victor Lecou, l'éditeur de *La Revue de Paris*, où ont paru ses études sur Poe et celles sur *Les Illuminés* de Nerval, en 1852. Ce contrat porte sur un volume réunissant un certain nombre de traductions des contes de Poe et devant être publié sous le titre d'*Histoires extraordinaires*.

Après avoir remis ces diverses traductions à Lecou, Baudelaire est pris de scrupules. Il considère que ses textes ne sont pas encore aboutis et souhaite les remanier. Apprenant alors que l'ouvrage est quasiment composé, il exige qu'on en interrompe la fabrication, tout en reconnaissant qu'il devra restituer à l'éditeur les frais de typographie qui ont été engagés. Mais cet argent, il ne l'a pas, voilà pourquoi il se tourne vers sa mère…

Parallèlement, il cherche encore et toujours à multiplier ses collaborations ici et là pour essayer d'échapper à ses endémiques problèmes financiers.

Encore qu'il ne soit pas toujours à même de répondre aux offres qu'on lui fait. Il a beau promettre ainsi un livret à Nestor Roqueplan qui est le directeur de l'Opéra et qui est demandeur, il n'arrive pas à l'écrire. Pas plus qu'il ne parvient à s'atteler à un drame, bien qu'il se vante de pouvoir aisément en façonner un.

En revanche, il rédige sans la moindre peine un texte en partie autobiographique, *Morale du joujou*, qu'il donne au *Monde littéraire*. Il y fait l'apologie des jouets, lesquels rendent « la vie en miniature » « beaucoup plus colorée, nettoyée et luisante que la vie réelle ». « On y voit — constate-t-il — des jardins, des théâtres, de belles toilettes, des yeux purs comme le diamant, des joues allumées par le fard, des dentelles charmantes, des voitures, des écuries, des étables, des ivrognes, des charlatans, des banquiers, des comédiens, des polichinelles qui ressemblent à des feux d'artifice, des cuisines, et des armées entières, bien disciplinées, avec de la cavalerie et de l'artillerie[1]. »

La Présidente, entre-temps, ne cesse de l'obséder. Le 3 mai 1853, il lui expédie d'une maison de passe de Versailles un deuxième poème, mais sans billet d'accompagnement aucun. Il le baptise assez abstraitement *Réversibilité*. Ce sont, cette fois, cinq strophes de cinq vers en alexandrins, chaque premier et dernier vers commençant et se terminant par le substantif Ange : « Ange plein de gaîté », « Ange plein de bonté », « Ange plein de santé », « Ange plein de beauté » et, pour finir, « Ange plein de bonheur, de joie et de lumières ».

Moins d'une semaine plus tard, il récidive. Le poème qu'il envoie à la Présidente ne porte pas de titre mais, à l'instar d'*À une femme trop gaie*, il est assorti d'une lettre : « Vraiment, Madame, je vous demande mille pardons de cette imbécile rimaillerie anonyme, qui sent horriblement l'enfantillage ; mais qu'y faire ? Je suis égoïste comme les enfants et les malades. Je pense aux personnes aimées quand je souffre. Généralement, je pense à vous en vers, et quand les vers sont faits, je ne sais pas résister à l'envie de les faire voir à la personne qui en est l'objet... — En même temps, je me cache, comme quelqu'un qui a une peur extrême du ridicule. — N'y a-t-il pas quelque chose d'essentiellement comique dans l'amour ? — particulièrement pour ceux qui n'en sont pas atteints[2]. »

Dans le poème, Baudelaire évoque une nuit au cours de laquelle, au sortir d'une fête, il a reconduit la Présidente rue Frochot, tandis qu'elle appuyait le bras sur le sien, que Paris dormait et que « le long des maisons, sous les portes cochères, des chats passaient furtivement ».

Pauvre ange, elle chantait, votre note criarde :
« Que rien ici-bas n'est certain,
Et que toujours, avec quelque soin qu'il se farde,
Se trahit l'égoïsme humain ;

Que c'est un dur métier que d'être belle femme,
Et que c'est le travail banal
De la danseuse folle et froide qui se pâme
Dans un sourire machinal ;

Que bâtir sur les cœurs est une chose sotte ;
Que tout craque, amour et beauté,
Jusqu'à ce que l'Oubli les jette dans sa hotte
Pour les rendre à l'Éternité ! »

J'ai souvent évoqué cette lune enchantée,
Ce silence et cette langueur,
Et cette confidence horrible chuchotée
Au confessionnal du cœur[3].

Naturellement, la Présidente n'est pas plus dupe que lors des deux précédents envois, et d'autant moins que cette confession-ci se rapporte à une petite situation vécue. Et cela l'amuse. D'ailleurs, elle n'est pas insensible à cet homme ténébreux et sec. Depuis qu'elle le connaît, elle a compris que la vie « impudente et criarde » qu'il mène cache une âme qui n'aspire qu'à l'extase. Et puis elle voit bien, à chaque dîner qu'elle organise dans son appartement, qu'il n'est pas tout à fait de la même engeance que ses autres convives. Ne fût-ce que Théo qui lui adresse également des missives, y compris quand il est en voyage, en Russie ou ailleurs, mais sans se dissimuler et sur un ton des moins châtiés. Théo l'appelle tour à tour « chère Présidente », « chère Lili », « Présidente de mon cœur » ou « chère Reine de Saba » ; il lui dit et répète qu'il lui lèche le pied, l'aisselle ou la « glande bulbo-vaginale », et lui parle, entre deux férocités envers certains de ses confrères, de « divertissements torculatifs » et de « soirée solitaire et masturbatrice ».

Ce qui complique tout, c'est que Jeanne Duval est tombée malade et qu'elle réclame Baudelaire près d'elle. Elle est sans ressources, elle aussi, et de plus doit s'occuper de sa vieille mère qui est mourante. Quand celle-ci décède, le 16 novembre, Baudelaire est bien obligé de prendre à sa charge les frais d'inhumation.

Démuni, il écrit alors une lettre alarmée à Auguste Poulet-Malassis qui a repris l'imprimerie familiale à Alençon et lui mendie quelques sous — « une somme quelconque », demande-t-il, « car il est certain qu'il ne peut pas être question d'une *grosse* ». Il précise : « Il s'agit simplement pour moi de trouver quelques jours de repos, et d'en profiter pour finir des choses importantes qui donneront leur résultat positif, le mois prochain[4]. » Avant de lui avouer que sa vie, sa pauvre vie, sera hélas toujours faite de colères, de morts, d'outrages et, surtout, de « mécontentement » de soi-même.

Par « choses importantes », il entend la poursuite de ses traductions de Poe et pas moins de trois comédies.

Mais comment s'en sortir ?

En fait de comédie, Baudelaire est depuis peu en contact avec Hippolyte Tisserant, sans doute l'acteur le plus applaudi du théâtre de l'Odéon, dans ces années 1850. Toujours convaincu qu'écrire une pièce est un jeu d'enfant, il s'engage à lui faire un drame en cinq actes « basé sur la rêverie, la fainéantise, la misère, l'ivrognerie et l'assassinat ». Il en trace rapidement le canevas et l'intitule *L'Ivrogne*, un peu dans l'esprit du *Démon de la perversité* et du *Cœur révélateur* de Poe — l'histoire d'un ouvrier qui assassine sa femme et la jette ensuite au fond d'un puits qu'il recouvre de pierres. « Pas d'imbroglios, pas de surprises, dit-il à Tisserant. Simplement le développement d'un vice, et des résultats successifs d'une situation[1]. »

Néanmoins, au lieu d'honorer l'engagement qu'il vient de prendre, il se remet à la traduction des contes de son auteur fétiche et envoie de nouveaux poèmes anonymes à la Présidente. Coup sur coup, en février 1854, il lui adresse un premier sonnet, *L'Aube spirituelle*, avec un mot laconique rédigé en anglais, puis un second dont l'incipit est : *Que diras-tu ce soir, pauvre âme so-litaire.*

Dans la lettre accompagnant ce second sonnet, il dit ignorer ce que les femmes pensent des adorations qu'elles suscitent. Puis il se confie à sa correspondante sans détour : « Je ne sais si jamais cette douceur suprême me sera accordée de vous entretenir moi-même de la puissance que vous avez acquise sur moi et de l'irradiation perpétuelle que votre image crée dans mon cerveau. Je suis simplement heureux, pour le moment présent, de vous jurer de nouveau que jamais amour ne fut plus désintéressé, plus idéal, plus pénétré de respect, que celui que je nourris secrètement pour vous, et que je cacherai toujours avec le soin que ce tendre respect me commande[2]. »

Baudelaire ne s'en tient pas là. Le 8 mai, il reprend sa plume et fait parvenir à la Présidente la plus longue des lettres qu'il lui ait jamais écrites jusqu'ici. Il confesse qu'il a peur d'elle, que c'est la raison unique pour laquelle il lui a toujours dissimulé son identité, que ses ardeurs sont presque religieuses et qu'elle est présente dans tous ses rêves — et par-dessus tout quand son être « est roulé dans le noir » de la méchanceté et de la sottise naturelles.

« Vous êtes pour moi, écrit-il, non seulement la plus attrayante des femmes, de toutes les femmes, mais encore la plus chère et la plus précieuse des superstitions. — Je suis un égoïste, je me sers de vous. — Voici mon malheureux torche-cul. — Combien je serais heureux si je pouvais être certain que ces hautes conceptions de l'amour ont quelque chance d'être bien accueillies dans un coin discret de votre adorable pensée. — Je ne le saurai jamais[3]. » Suit, en guise de *torche-cul*, un hymne en cinq strophes qu'il prétend avoir composé « il y a bien longtemps » :

À la très Chère, à la très Belle
Qui remplit mon cœur de clarté,
À l'ange, à l'idole immortelle,
Salut en l'immortalité !

Elle se répand dans ma vie
Comme un air imprégné de sel,
Et dans mon âme inassouvie
Verse le goût de l'Éternel.

Sachet toujours frais qui parfume
L'atmosphère d'un cher réduit,
Encensoir toujours plein qui fume
En secret à travers la nuit,

Comment, amour incorruptible,
T'exprimer avec vérité ?
— Gain de musc qui gît invisible,
Au fond de mon Éternité !

À la très Bonne, à la très Belle,
Qui m'a versé joie et santé,
Salut en la Vie Éternelle
En l'Éternelle volupté[4].

Ange, idole immortelle, immortalité, éternité, vie éternelle… Chose extrêmement curieuse, Baudelaire divinise de plus en plus la Présidente. De telle sorte qu'il confère presque à son *ardeur* un aspect désincarné. Comme si cet amour, pour être un grand amour, un amour pur et vrai, un amour inextinguible, *incorruptible*, ne pouvait être que divin ou platonique.

Tout en fixant sur Mme Sabatier son idéal amoureux, il continue d'ailleurs de voir d'autres femmes dont il note l'adresse dans ses carnets. Et, parmi elles, il y a l'actrice Marie Daubrun avec laquelle il a eu une brève liaison sept ans plus tôt, à l'époque où elle jouait à la Porte-Saint-Martin *La Belle aux cheveux d'or* des deux frères Cogniard.

Dans l'intervalle, Marie Daubrun, qui est une jolie blonde au visage de madone, a poursuivi avec un certain succès sa carrière. Elle a entre autres interprété *Le Feuilleton d'Aristophane*, une comédie satirique, coécrite par Banville et par le très cultivé Philoxène Boyer, un garçon fantasque que Baudelaire aime bien. Pour l'heure, elle est au théâtre de la Gaîté où elle apparaît dans un des innombrables mélodrames de Louis Vanderburgh, *Le Sanglier des Ardennes*. C'est à cette occasion que les deux anciens amants se retrouvent. De nouveau, ils s'enflamment l'un pour l'autre, se demandent comment ils ont pu se perdre. Baudelaire s'efforce alors de lui trouver des rôles de premier plan et intervient en sa faveur d'abord auprès de Théophile Gautier, qui est parfaitement au courant de tout ce qui se passe et de tout ce qui se trame dans le monde du théâtre parisien, puis auprès de Paul de Saint-Victor, le critique dramatique du *Pays*, mais sans succès.

Sous-titré « Journal de l'Empire », fondé par Lamartine et appartenant à un banquier, *Le Pays* est justement l'organe où, depuis le mois de juillet, commencent à être publiées en feuilleton les traductions des contes de Poe auxquelles Baudelaire s'est attaché, comme s'il y allait de son œuvre propre. Ou peut-être même de son salut.

Bien entendu, il ne peut pas s'en plaindre : il perçoit un peu d'argent, cet argent qui lui manque toujours et qui lui file toujours entre les doigts, et il est le collaborateur d'une rédaction réunissant plusieurs auteurs talentueux. Celui qu'il préfère, et de loin, n'est autre que Barbey d'Aurevilly, dont le livre *Du dandysme et de G. Brummel* l'a tant impressionné lorsqu'il en a découvert les thèses, dix ans auparavant ; Barbey d'Aurevilly qui, de surcroît, est un des habitués de la rue Frochot, à la table de la Présidente. Si Baudelaire se sent proche de lui, c'est aussi parce qu'il le sait grand admirateur et infatigable défenseur des œuvres de Joseph de Maistre.

Ce qu'il touche avec ses traductions ne lui permet cependant pas, avec le mode de vie qui est le sien, de nouer les deux bouts. Après avoir vécu dix-sept mois rue Pigalle, il va louer une chambre à l'hôtel du Maroc, rue de Seine. Mais, une fois installé dans ce nouveau garni, il se demande s'il ne ferait pas mieux d'entrer « dans le concubinage », ainsi qu'il le dit à sa mère. « Il me faut à tout prix *une famille*, lui avoue-t-il ; c'est la seule manière de travailler et de dépenser moins. »

Il pense à Marie Daubrun. Il se voit bien en ménage avec elle.

Sans domicile fixe

Mais qu'est-ce qui empêcherait Baudelaire de vivre avec Marie Daubrun ? Le spectre de Jeanne qui le hante ? Son adoration pour la Présidente ? Ces deux circonstances à la fois ?

N'a-t-il pas du reste toujours été un être indécis, hésitant, irrésolu ? Un homme instable ? Un homme profondément, viscéralement, contradictoire, en particulier dans ses actes et dans les gestes de la vie quotidienne ?

Rien qu'en un mois, au cours du premier trimestre de l'année 1855, il change ainsi d'hôtel à six reprises et va d'une chambre insalubre à un modeste garni, tout en voulant dénicher un logement convenable qu'il pourrait meubler lui-même et dont le décor serait l'exact reflet de ses envies et de ses goûts. Tout en aspirant à avoir près de lui un cuisinier et un valet...

Et puis qu'est-ce qui lui dit que Marie Daubrun désire pour sa part s'installer sous le même toit que lui ? Elle a son caractère, elle n'est pas non plus, pas davantage que lui ne l'est, une créature facile. Sans oublier qu'elle n'a pas encore atteint la trentaine et qu'elle songe prioritairement à sa carrière de comédienne. Et qu'elle s'occupe toujours de ses parents qui sont dans le besoin.

Tandis que *Le Pays* poursuit à un rythme accéléré sa publication des contes de Poe (dix par exemple, les uns à la suite des autres, du 3 février au 7 mars), Baudelaire propose à la rédaction du journal une série de trois articles critiques sur l'Exposition universelle qui s'est ouverte en mai au Nouveau Palais des Beaux-Arts, avenue Montaigne. Seul le premier d'entre eux est accepté : une étude sur l'idée moderne de progrès appliquée à la peinture et à la sculpture.

À tout le moins sur l'idée que Baudelaire se fait du progrès.

Il est encore une erreur fort à la mode, de laquelle je veux me garder comme de l'enfer. — Je veux parler de l'idée de progrès. Ce fanal obscur, invention du philosophisme actuel, breveté sans garantie de la Nature ou de la Divinité, cette lanterne moderne jette des ténèbres sur tous les objets de la connaissance ; la liberté s'évanouit, le châtiment disparaît. Qui veut y voir clair dans l'histoire doit avant tout éteindre ce fanal perfide. Cette idée grotesque, qui a fleuri sur le terrain pourri de la fatuité moderne, a déchargé chacun de son devoir, délivré toute âme de sa responsabilité, dégagé la volonté de tous les liens que lui imposait l'amour du beau : et les races amoindries, si cette navrante folie dure longtemps, s'endormiront sur l'oreiller de la fatalité dans le sommeil radoteur de la décrépitude. Cette infatuation est le diagnostic d'une décadence déjà trop visible[1].

Les deux autres articles sont consacrés à Ingres et à Delacroix. Même si *Le Pays* les refuse, Baudelaire n'en prend pas ombrage, tout excité qu'il est de voir paraître, à peine quelques jours plus tard, dans la bonne vieille et vénérable *Revue des Deux Mondes*, dix-huit de ses poèmes, précédés, il est vrai, d'une note prudente de la rédaction laissant entendre qu'il s'agit là de textes audacieux. Ils sont regroupés sous un titre encore inédit, *Les Fleurs du mal* — un titre dont la paternité revient à Hippo-lyte Babou. Cet écrivain et critique âgé de trente et un ans, Baudelaire l'a connu au *Corsaire-Satan*. Depuis, ils ont pris pour habitude de se retrouver quelquefois au Divan Le Peletier où, hélas, Nerval ne viendra plus jamais, après qu'on l'a découvert, à la fin du mois de janvier, pendu à un soupirail, rue de la Vieille-Lanterne. C'est d'ailleurs dans *Le Monde littéraire*, la revue que Babou a fondée en 1853, que Baudelaire a publié deux textes : son petit essai *Morale du joujou* et une traduction de Poe, *Philosophie de l'ameublement*.

Cette fois, il n'en est plus à tergiverser, à peau-finer continuellement ses poèmes, y compris ceux déjà parus ici et là, depuis une longue décennie. Pourtant il ne sait trop à quel éditeur les proposer. Auguste Poulet-Malassis ? Victor Lecou ? Michel Lévy à qui Nerval a confié ses dernières œuvres et qui a racheté à son confrère D. Giraud *Lorely* ainsi que *Les Filles du feu* ?

Et pourquoi pas Louis Hachette ? Il est fort bien introduit dans le milieu universitaire et, de-puis 1852, il contrôle en même temps le tout nou-veau réseau des bibliothèques de gare. En outre, il vient de donner *Fontainebleau*, un ouvrage collectif auquel Baudelaire a collaboré, tout comme Nerval, Banville, Asselineau ou encore Béranger, toujours au faîte de sa gloire, même s'il n'a plus publié de livre depuis vingt ans.

Baudelaire traite finalement avec Michel Lévy, d'autant que celui-ci a annoncé dès 1846 la parution « prochaine » des *Lesbiennes* et, en 1848, celle tout aussi « prochaine » des *Limbes*. Mais, au lieu de s'entendre sur les désormais *Fleurs du mal*, les deux hommes discutent des contes de Poe et, le 3 août, Baudelaire vend à Michel Lévy sa traduction des *Histoires extraordinaires* et des *Nouvelles histoires extraordinaires*. Dans le contrat, il est stipulé que le traducteur aura une rétribution fixée au douzième du prix de vente des volumes, sur un tirage de départ de six mille six cents exemplaires, ce qui est beaucoup.

À cette date, il occupe une chambre à l'hôtel de Normandie, rue Neuve-des-Bons-Enfants, là où le *pauvre* Nerval, précisément, a vécu les derniers mois de sa tragique et douloureuse existence. C'est une adresse provisoire, il le sait ; il est toujours à la recherche de l'appartement où il emménagerait, de préférence avec Marie Daubrun. Mais voilà que, contre toute attente, Marie quitte, sur un coup de tête, la Gaîté où elle a été engagée et où elle jouait et qu'elle accepte aussitôt de partir avec une troupe en tournée en Italie...

Espérant qu'elle reviendra en France le plus tôt possible, Baudelaire expédie une chaleureuse lettre de recommandation à George Sand. Non sans une certaine ironie puisqu'il note, dans un post-scriptum, qu'il s'est demandé comment, au risque de déplaire à sa correspondante et de passer pour un impertinent, il devait écrire son nom : Madame Sand, Madame Dudevant ou Madame la baronne Dudevant... Il se dit que si la célèbre romancière peut faire quelque chose pour sa maîtresse et lui trouver un emploi dans un théâtre de Paris, il pourra sans doute avec Marie *rentrer* effectivement *dans le concubinage...*

Durant quelques semaines, il retourne dans un meublé de la rue de Seine, la rue où se dresse l'hôtel du Maroc, un de ses précédents domiciles, puis finit par trouver un logement — un logement nu — rue d'Angoulême-du-Temple, dans le quartier du boulevard du Temple où grouillent les petits métiers, les rémouleurs, les ferblantiers, les raccommodeurs de porcelaine, les tailleurs, les vendeurs de pipes... Pour pouvoir payer le loyer qu'en exige le propriétaire, il en appelle de nouveau à Mme Aupick. Laquelle, depuis le début de l'année, séjourne le plus souvent avec son mari dans une maison qu'ils ont fait construire à Honfleur, sur la falaise. Elle en parle naturellement à Ancelle. Et, avec l'accord inespéré de son conseil, consent à octroyer à son fils une avance.

P. NADAR

Nadar

Baudelaire

O. PARIS

1 Photographie de Félix Nadar, années 1850.
Paris, BnF.

« *Malheureux, peut-être l'homme,*
mais heureux l'artiste que le désir déchire. »

4

2 Mme Aupick devant la « Maison-joujou » à Honfleur.

3 *Promenade au bord de l'eau.* Gouache de François Baudelaire, 1821. Coll. part.

4 Le général Aupick. Lithographie par Léon Noël, 1852. Paris, BnF.

PAGE SUIVANTE :
5 Double page des *Fleurs du mal* corrigée et annotée par Baudelaire. Paris, BnF.

SPLEEN

—

Quand le ciel bas et lourd pèse comme un couvercle
Sur l'esprit gémissant en proie aux longs ennuis,
Et que de l'horizon embrassant tout le cercle
Il nous fait un jour noir plus triste que les nuits;

Quand la terre est changée en un cachot humide,
Où l'Espérance, comme une chauve-souris,
S'en va battant les murs de son aile timide,
Et se cognant la tête à des plafonds pourris;

bon à tirer.
Baudelaire

la coutisse, qui s'argent

Quand la pluie étalant ses immenses traînées
D'une vaste prison imite les barreaux,
Et qu'un peuple muet d'horribles araignées
Vient tendre ses filets au fond de nos cerveaux,

Des cloches tout-à-coup sautent avec furie — 18
Et ~~poussent~~ vers le ciel un ~~long gémissement,~~
l'affreux hurlement,
Ainsi que des esprits errants et sans patrie
Qui se mettent à geindre opiniâtrément.

d'anciens
— Et ~~de grands~~ corbillards, sans tambour ni musique, 15
~~passent en foule au fond de~~ mon âme ; et l'Espoir
~~fuyant vers d'autres cieux,~~ l'Angoisse despotique
Sur mon crâne incliné plante son drapeau noir.

mettriez vous ici / une virgule ... / la conjonction / & la / phrase ?

vaincu

... de par une découverte affligeante. En comptant 2 pages par ... les Strophes de 4 vers par page, cinq Strophes de cinq vers ... 8 Strophes de 3 vers, 10 ou 12 Strophes de deux vers ...

... crainte d'un malheur, je vous ... juste sur ...
tiré à part
... ici la Strophe dernière :

... Corbillards, sans tambours & musique ...
... lentement dans mon âme ; et l'Espoir ...
vaincu
... comme en ... l'Angoisse despotique
... mon crâne incliné plante son drapeau noir.

... Et il n'y
... de vers
... Correction
... seront finis le
les Couvertures
fleurs du mal
... la douse feuille
... — Dans une
le votre 8e feuille

... vous êtes, offert à votre plumade. — Il y a dans Banville
Beaumes pour Baumes. Je ne peux plus le retrouver, mais j'en suis ...

6

7

8

6 Édouard Manet, *Portrait de la maîtresse de Baudelaire*,
huile sur toile, 1862. Budapest, musée des Beaux-Arts.

7 Jules Champfleury. Photographie de Félix Nadar, vers 1865.

8 Félix Nadar, *Autoportrait*, s.d. Paris, musée d'Orsay.

9 Charles Asselineau. Photographie de Félix Nadar, s.d.
Paris, musée d'Orsay.

10 Théodore de Banville. Photographie, 1873. Fondation Napoléon.

11 Pierre Dupont. Photographie, s.d.

*« Aucun poème ne sera si grand, si noble,
si véritablement digne du nom de poème que celui
qui aura été écrit uniquement pour le plaisir d'écrire
un poème. »*

9

10

11

Tout le bas du
visage, mauvais.
pas assez d'amplaur
le menton pas
assez galoche.

Trop de Hachures.
D'ailleurs la bouche est mauvais,
avec quelques hachures + distribuées
sobrement, on fait le modelé.
ceci ne doit donc être regardé
que pour la pose et l'effet
lumineux.

12 Charles Baudelaire. Autoportrait, vers 1860.
Paris, musée du Louvre.

Poe en librairie

Contrairement à ce qu'il avait espéré, Baudelaire n'est pas satisfait de son nouveau logement, rue d'Angoulême-du-Temple. Il l'est d'autant moins que Marie Daubrun n'a pas souhaité venir habiter avec lui. À sa place, il s'est résigné à se remettre en ménage avec Jeanne Duval, son éternelle virago. Devant des étrangers, de peur de les mettre dans l'embarras, il l'appelle « ma femme ».

Le spectacle du monde, l'évolution des idées l'agacent aussi de plus en plus, et la grande majorité des livres qui lui tombent sous la main lui inspirent un double sentiment de lassitude et de dégoût. Il le proclame au demeurant, haut et fort, à Alphonse Toussenel, un des plus fervents disciples de Fourier converti à l'étude des animaux et de la chasse, après que ce dernier lui a offert un de ses livres ayant trait à « l'esprit des bêtes » et aux oiseaux.

À ses yeux, lui répond-il dans une lettre qu'il lui envoie en janvier 1856, l'imagination est la plus « scientifique » des facultés car elle seule comprend « l'*analogie universelle*, ou ce qu'une religion mys-

tique appelle la *correspondance* ». « Mais quand
je veux faire imprimer ces choses-là, on me dit
que je suis fou, — et surtout fou de moi-même, —
et que je ne hais les pédants que parce que mon éducation est manquée. » Et une fois encore, comme
dans son article sur l'Exposition universelle, il s'en
prend au progrès et cite Joseph de Maistre, « le
grand génie de notre temps », le « voyant ». Avant
d'affirmer :

> Toutes les hérésies auxquelles je faisais allusion tout à
> l'heure ne sont, après tout, que la conséquence de la grande hé-
> résie moderne, de la doctrine *artificielle*, substituée à la doc-
> trine naturelle, — je veux dire la suppression de l'idée du
> *péché originel* [...] la *nature* entière participe du péché
> originel[1].

La parution, en mars, des *Histoires extraordinaires* de Poe chez Michel Lévy lui apporte par
bonheur un peu de joie.

Comme il désire coûte que coûte défendre et
faire connaître le volume, Baudelaire n'hésite pas
à s'adresser directement à Sainte-Beuve, le plus
important et le plus perspicace des critiques littéraires, surtout par ses *Causeries du lundi* publiées
au *Moniteur universel*. Il « faut », lui dit-il, que
Poe, qui n'est pas « grand-chose » en Amérique,
devienne un « grand homme » pour la France, et il
ne doute pas que Sainte-Beuve, avec l'autorité particulière dont il jouit, en parlera en termes élogieux dans un de ses prochains articles.

Cette joie, cependant, est de très courte durée.
Chez lui, ses rapports avec Jeanne sont toujours

aussi atrocement orageux et il apprend en plus que Marie qui est rentrée de sa tournée italienne a renoué avec Banville — des *secousses* qui l'empêchent de se concentrer sur les traductions des contes de Poe qu'il a en chantier et qui doivent constituer la matière des *Nouvelles histoires extraordinaires* dont Michel Lévy attend le manuscrit avec impatience.

Dépité, il quitte alors son domicile de la rue d'Angoulême-du-Temple qu'il a à peine eu la possibilité de meubler et il replonge dans le monde aléatoire des petits garnis. Il s'installe à l'hôtel Voltaire, sur le quai du même nom. Mais sans Jeanne qui est retombée malade et avec laquelle, de guerre lasse, il a de nouveau rompu.

C'est comme une délivrance. Comme si, sortant d'une geôle sordide, il reprenait tout à coup goût à la vie. Dans les notes qu'il rédige et qui lui servent à la fois de journal intime, de pense-bête, d'agenda et de brouillons, il écrit que « le goût de la concentration productive doit remplacer chez un homme mûr le goût de la déperdition ». Il s'encourage à se *fouetter* pour recouvrer l'énergie du travail.

Aussi ses dispositions sont-elles presque excellentes quand il va revoir Michel Lévy, rue Vivienne, à l'automne 1856. Il lui assure que la traduction des *Nouvelles histoires extraordinaires* est en voie d'achèvement et qu'il est d'ores et déjà prêt à entreprendre celle des *Aventures d'Arthur Gordon Pym*. Le contrat pour ce livre est bientôt signé, quoique les droits de traducteur de Baudelaire soient réduits au quinzième du prix de vente des volumes. Et, comme pour pénaliser Baudelaire de s'être mis en retard, Michel Lévy décide de ne lui donner de l'argent pour le roman de Poe qu'après la publication des *Nouvelles histoires*.

Et *Les Fleurs du mal* dans tout cela ?

D'évidence, Michel Lévy ne les attend plus. Dans son imposante production, les recueils de poésie sont d'ailleurs minoritaires et, depuis qu'il est devenu un éditeur à succès, il est beaucoup moins tenté qu'auparavant d'en faire paraître.

Un jour, dans un mouvement d'humeur, Baudelaire se vante qu'il peut de toute façon compter sur Auguste Poulet-Malassis. Et Michel Lévy s'empresse de le prendre au mot.

En cette fin d'année 1856, Poulet-Malassis, qui s'est associé à son beau-frère, Eugène De Broise, édite toujours *Le Journal d'Alençon* ainsi que des brochures, mais il a également la ferme intention de publier davantage de livres et d'avoir une officine à Paris où il pourrait les écouler dans les meilleures conditions. Il s'est lié avec Asselineau qui joue en quelque sorte auprès de lui le rôle de conseiller littéraire. Même si, grâce à son grand discernement personnel et à sa vaste érudition, il pourrait parfaitement se débrouiller tout seul.

Quand Baudelaire contacte Poulet-Malassis afin de lui parler des *Fleurs du mal*, il ignore que celui-ci est en train de négocier avec Banville, à présent devenu son rival, pour un recueil baptisé *Odes funambulesques*.

140

Le 30 décembre, il appose sa signature sur un contrat qui prévoit l'édition de deux volumes chez Poulet-Malassis et De Broise, non seulement *Les Fleurs du mal* mais aussi un ouvrage réunissant des articles sous le titre provisoire de *Bric-à-brac esthétique*. Le tirage prévu est de mille exemplaires. Plus de six fois moins que les *Histoires extraordinaires* dont les ventes en librairie sont très bonnes et que Michel Lévy, au bout de trois mois, a déjà fait réimprimer, sans en corriger ni les coquilles ni les fautes.

Ni davantage les contresens et les faux sens, petits péchés véniels de Baudelaire, angliciste de passion et non pas de raison.

La crapule, l'ignorant

L'accord portant sur *Les Fleurs du mal* signé, Baudelaire repasse scrupuleusement en revue les poèmes qu'il a écrits depuis une quinzaine d'années puis, en février 1857, il les fait remettre à Poulet-Malassis, à Alençon. La perspective de les voir enfin réunis en volume lui occupe beaucoup l'esprit. Il se dit que ce serait bien si certains d'entre eux pouvaient déjà être publiés en revue, peu de temps ou juste avant que le recueil ne sorte de presse, comme c'est devenu l'usage avec les romans distillés en feuilleton, jour après jour, semaine après semaine, dans les journaux et les périodiques. Sa traduction des *Aventures d'Arthur Gordon Pym* est du reste en train de paraître au *Moniteur universel*, alors même que Michel Lévy s'apprête à mettre en vente les *Nouvelles histoires extraordinaires*. Tirage de départ : six mille six cents exemplaires. Comme les *Histoires extraordinaires*.

Sans attendre, Baudelaire se tourne vers *La Revue française* que dirige un érudit lyonnais, Jean Morel, et qui est pour ainsi dire le contraire, littérairement et politiquement, de *La Revue des*

Deux Mondes, où en juin 1855 ont été insérés dix-huit poèmes des *Fleurs du mal*. De sa part, c'est une manière de défi, de bravade et d'inconscience. Mais c'est aussi une démarche intéressée et intelligente puisque le numéro d'avril de *La Revue française* retient neuf poèmes extraits du recueil que prépare Poulet-Malassis.

En vérité, Baudelaire surveille son éditeur et son livre de très près. Il se montre des plus vétilleux, accordant une importance extrême à la composition et à la mise en pages de ses textes, examinant chaque terme, vérifiant si les italiques et les tirets dont il est tellement friand sont bien imprimés, et si l'ordre des poèmes auquel il tient est parfaitement respecté. Il sait qu'il fait « enrager » Poulet-Malassis mais il estime qu'il en a le droit.

De même qu'il s'arroge le droit de le critiquer. Il considère que le catalogue de Poulet-Malassis contient des noms d'auteurs tout à fait négligeables et que « tout le monde va se foutre[1] » d'un éditeur qui ne prend pas la peine de classer soigneusement ses titres. Et il lui suggère, pour que Poulet-Malassis ne perde pas la face, de les ranger par catégories — des catégories qu'il désigne, comme pour lui faire la leçon : économistes, philosophes rationalistes, illuminés, maçonnerie, sciences occultes, facéties et curiosités, romanciers, voyageurs (catégorie qu'il juge capitale).

Dans une des nombreuses lettres qu'il lui adresse, il dit qu'il ne comprend pas qu'un homme tel que lui, un homme qui aime sincèrement le XVIIIe siècle, s'applique à en donner une idée si pauvre.

Moi qui suis un remarquable échantillon de crapule et d'ignorance, je vous aurais fait un catalogue éblouissant, rien qu'avec les souvenirs de mes lectures, du temps que je lisais le XVIIIᵉ siècle [...]².

Sur quoi, il lui conseille de rééditer *Les Liaisons dangereuses* de Choderlos de Laclos, *Les Incas* de Jean-François Marmontel ou encore les *Lettres persanes* de Montesquieu.

Il est en pleine discussion épistolaire avec son éditeur alençonnais, quand, le 28 avril, le général Jacques Aupick meurt, à l'âge de soixante-huit ans, en son domicile de la rue du Cherche-Midi. Il n'est nullement surpris de ne pas trouver son nom dans les lettres de faire-part annonçant les obsèques.

À cette occasion, il revoit avec le plus grand déplaisir Jean-Louis Émon, un des participants de la réunion de famille, en 1844, ayant réclamé qu'il soit placé sous conseil judiciaire. Il songe toutefois que les relations avec sa mère vont sans doute prendre un tour différent, bien qu'elles se soient déjà fortement améliorées depuis que Mme Aupick est rentrée de Madrid. Désormais, pense-t-il, c'est lui, et lui seul, qui est « naturellement chargé » de son bonheur. Et ce n'est pas parce qu'elle compte bientôt se retirer dans sa maison de la côte normande qu'il devrait se soustraire à son devoir.

À quelques jours de là, *L'Artiste* dont un des directeurs est, depuis 1852, Édouard Houssaye, le frère d'Arsène Houssaye, donne trois poèmes des *Fleurs du mal* et annonce la toute prochaine parution du recueil en librairie.

Baudelaire est ravi : plus les allusions à son livre, directes ou indirectes, sont nombreuses, plus elles lui profitent. Comme il commence à bien connaître les mœurs des journaux, il n'ignore pas non plus que le service de presse est important et il fournit une liste de noms triés sur le volet à Poulet-Malassis et à De Broise. En tête, il y place Théophile Gautier pour la bonne et simple raison qu'il lui a dédié ses *Fleurs du mal*. Suivent Sainte-Beuve, qui n'a toujours pas dit un mot des contes de Poe ni dans ses *Causeries du lundi* ni ailleurs, Charles Asselineau et Jules Barbey d'Aurevilly, bien sûr, Louis Veuillot, l'écrivain catholique qu'il a connu à l'époque où il était mêlé à la bande à Nadar et dont il sait que la plume est redoutable, Leconte de Lisle, l'excellent « homme d'esprit et de talent[3] » qu'est le critique Philarète Chasles... Ou encore le ministre de l'Instruction publique car il lui a octroyé, au mois de juin, une « indemnité » pour sa traduction des *Histoires extraordinaires*.

Sur la liste, il y a également des écrivains anglo-saxons comme Henry Longfellow, Robert Browning, Alfred Tennyson ou Thomas De Quincey dont les *Confessions d'un mangeur d'opium anglais*, une des bibles du romantisme, a fait forte impression sur Baudelaire et lui a inspiré les pages qu'il a écrites en 1851 sur les drogues.

Quant au tout dernier nom mentionné, c'est celui de la personnalité la plus célèbre : Victor Hugo.

Enfin l'*enfant* paraît

C'est le 25 juin 1857 que *Les Fleurs du mal* sont mises en vente, chez le dépositaire parisien de Poulet-Malassis et De Broise, une librairie — catholique ! — située 4 rue de Buci[*].

Les poèmes contenus dans le recueil, Baudelaire les a tous portés au plus profond de son être, certains avec fureur, d'autres avec patience, il les a tous nourris de son sang, de sa chair, de sa sueur. Ce sont d'authentiques confessions, à l'instar de celles de Jean-Jacques Rousseau.

Si ce n'est qu'elles sont découpées en une multitude de courtes séquences (des sonnets entre autres) et qu'elles sont versifiées. Elles disent l'angoisse d'être et de vivre, en appellent tour à tour à Dieu et à Satan, au Christ et à Caïn, célèbrent l'extase et la luxure, les ivresses de la chair et ses infinies tourmentes. Et le plus souvent sans détour aucun, sans fard, sans l'ombre d'un subterfuge.

En découvrant *Les Fleurs du mal*, les amis et les familiers de Baudelaire ont évidemment conscience

[*] Cette adresse à Paris est mentionnée sur la couverture.

de lire une œuvre autobiographique. Son créateur, ils le retrouvent à chaque page, presque à chaque strophe, ils retrouvent son spleen, son goût de l'errance et de la solitude parmi les foules, ses adjurations, ses blasphèmes, ses paradoxes, son *effrayante* lucidité. Ils voient bien qu'il est question ici de Jeanne Duval, là de Marie Daubrun, plus loin de Sara la Louchette, ailleurs de la *divine* Présidente. Impossible d'imaginer un autre écrivain derrière ces rimes incandescentes, malgré les influences et les réminiscences, que ce soit Victor Hugo, Théophile Gautier ou Sainte-Beuve dans la formulation, dans l'idiotisme, ou Joseph de Maistre, Thomas De Quincey, Pétrus Borel ou Edgar Allan Poe dans les idées... Et ils sont unanimes, ou presque, pour apprécier le recueil et en louer l'extrême maîtrise.

Mais voilà que *Le Figaro* publie, le 5 juillet, un article auquel Baudelaire ne s'attend pas. Le papier, assez court, est signé Gustave Bourdin, le gendre du directeur du journal. Tout en prétendant qu'il n'a ni jugement à prononcer ni arrêt à rendre, ce Bourdin dénonce avec virulence l'immoralité de quatre poèmes. De son point de vue, rien ne justifie qu'on puisse donner libre cours à de « semblables monstruosités », si ce n'est, laisse-t-il entendre, que celui qui les a écrites ne serait pas sain d'esprit. « L'odieux, remarque Bourdin, y coudoie l'ignoble ; — le repoussant s'y allie à l'infect. »

Deux jours plus tard, la Direction générale de la sûreté publique est avertie, à travers un rapport qu'elle reçoit, que treize et non pas quatre poèmes des *Fleurs du mal* constituent un « défi jeté aux lois qui protègent la religion et la morale » et « l'expression de la lubricité la plus révoltante ». Et sur-le-champ diligente le Parquet.

Alerté, Baudelaire s'adresse à Poulet-Malassis et à De Broise et leur demande de bien cacher toute l'édition de son recueil, environ neuf cents exemplaires non encore mis en circulation. Il y a, croit-il, d'après les bruits qui courent, un gros risque de saisie. Risque que vient effectivement accentuer un nouvel article du *Figaro* sous la signature d'un certain J. Habans, en date du 12 juillet. Cette fois, on parle d'« horreurs de charnier étalées à froid », d'« abîmes d'immondices fouillées à deux mains et les manches retroussées » devant moisir dans un tiroir maudit...

C'en est trop et, quatre jours après, le Parquet fait saisir le livre et entame des poursuites judiciaires contre l'auteur et ses éditeurs. Dès qu'il apprend cette mauvaise nouvelle, Baudelaire décide de plaider sa cause auprès du ministre d'État et de la Maison de l'Empereur, Achille Fould. Il lui assure qu'il ne se sent pas du tout coupable. « Je suis au contraire très fier d'avoir produit un livre qui ne respire que la terreur et l'horreur du Mal. J'ai donc renoncé à me servir de ce moyen. S'il faut me défendre, je saurai me défendre convenablement[1]. »

Il se choisit aussi un avocat, un avocat de renom, Me Chaix d'Est-Ange. Il lui confie qu'il ne comprend pas pourquoi le Parquet n'incrimine que treize de ses poèmes sur les cent que contient son recueil. Il estime que cette « indulgence » est funeste. « Le livre, dit-il, doit être jugé *dans son ensemble*, et alors il en ressort une terrible moralité. » Puis il précise : « Mon unique tort a été de compter sur l'intelligence universelle, et ne pas faire une préface où j'aurais posé mes principes littéraires et dégagé la question si importante de la Morale[2]. »

Mais quels sont les écrivains qui pourraient intercéder en sa faveur dans le milieu de la littérature ?

Baudelaire pense à Gautier, lequel est bien introduit un peu partout et a des relations haut placées, et à Barbey d'Aurevilly dont les chroniques au *Pays* sont fort lues.

À Prosper Mérimée également, pas tant toutefois parce qu'il est un écrivain illustre que parce qu'il est le seul « littérateur » au Sénat.

Et puis à Sainte-Beuve qu'il appelle d'habitude son protecteur et avec lequel il correspond depuis plusieurs années, Sainte-Beuve qui, précisément, trouve que quelques-uns des poèmes incriminés sont les meilleurs du volume.

Peut-être devrait-il en outre compter sur une femme...

Sans trop chercher ni réfléchir, il songe à *sa* Présidente.

Le 18 août, deux jours avant que la Chambre correctionnelle ne se prononce, il fait parvenir une lettre à Mme Sabatier, mais sans contrefaire le moins du monde son écriture et sans garder l'anonymat.

Chère Madame,

Vous n'avez pas cru un seul instant, n'est-ce pas ? que j'aie pu vous oublier.

[...]

Voilà la première fois que je vous écris avec ma vraie écriture. Si je n'étais pas accablé d'affaires et de lettres (c'est-à-dire après-demain l'audience), je profiterais de cette occasion pour vous demander pardon de tant de folies et d'enfantillages. Mais d'ailleurs, ne vous en êtes-vous pas suffisamment vengée, surtout avec votre petite sœur ? Ah ! le petit monstre ! Elle m'a glacé, un jour que, nous étant rencontrés, elle partit d'un grand éclat de rire à ma face, et me dit : *êtes-vous toujours amoureux de ma sœur, et lui écrivez-vous toujours de superbes lettres ?* — J'ai compris, d'abord que quand je voulais me cacher, je me cachais fort mal, et ensuite que sous votre charmant visage, vous déguisiez un esprit peu charitable. Les polissons sont amoureux, mais les poètes sont *idolâtres*, et votre sœur est peu faite, je crois, pour comprendre les choses éternelles[3].

Dans cette lettre, il fait allusion à ses juges « abominablement laids », des monstres comme le substitut du procureur impérial, le « redoutable » Ernest Pinard. Puis il évoque Flaubert qui, en février de la même année, devant le même tribunal et devant le même magistrat, a bénéficié d'un acquittement après avoir été poursuivi pour *Madame Bovary*. « Flaubert avait pour lui l'impératrice. Il me manque une femme. Et la pensée *bizarre* que peut-être vous pourriez, par des relations et des canaux peut-être compliqués, faire arriver un mot sensé à une de ces grosses cervelles, s'est emparée de moi, il y a quelques jours[4]. »

Après avoir signé Charles Baudelaire, il ajoute :
« Tous les vers compris entre la page 84 et la
page 105 vous appartiennent. »

Parmi ces vers figure un poème intitulé *À celle
qui est trop gaie* — en réalité le titre définitif donné
à *À une femme trop gaie*, le premier de tous les
poèmes envoyés par Baudelaire à la Présidente,
plus de quatre ans et demi auparavant. Et, comme
par hasard, ou comme fait exprès, c'est un de ceux
que le Parquet a jugés attentatoires à la morale
publique.

Une double défaite

L'audience de la 6ᵉ Chambre correctionnelle devant laquelle Baudelaire se présente se tient le 20 août 1857. Persuadé de sa bonne foi et de ses bonnes intentions, il espère que le procès s'achèvera sur un non-lieu. Il se sent même très confiant lorsque Ernest Pinard, qui a seulement un an de moins que lui, commence son réquisitoire. Il craignait une attaque en règle, des mots excessifs, des appréciations tendancieuses et retorses, il découvre tout surpris chez le « redoutable » substitut du procureur impérial un ton plutôt modéré.

Dans ses propos, Pinard cherche en effet à rester le plus légaliste possible, même si la notion d'offense à la morale publique et à la morale religieuse relève en grande partie de l'interprétation qu'il en donne. À ses yeux, c'est clair, Baudelaire a fauté en écrivant des poèmes licencieux et contraires aux bonnes mœurs. Et Pinard cite soigneusement les divers passages du livre qu'il juge néfastes et obscènes. En particulier des extraits du fameux poème *À celle qui est trop gaie* dont le dernier vers des plus explicites — *T'infuser mon venin, ma sœur !* — lui paraît inadmissible.

Au demeurant, il ne cherche pas à faire condamner en bloc *Les Fleurs du mal*, il veut uniquement qu'on expurge le recueil de certaines de ses pièces. « Réagissez, dit-il aux juges, [...] contre cette fièvre malsaine qui porte à tout peindre, à tout décrire, à tout dire, comme si le délit d'offense à la morale publique était abrogé, et comme si cette morale n'existait pas. » Mais il demande par ailleurs que les juges soient indulgents envers Baudelaire qui est, signale-t-il, « un esprit tourmenté », « une nature inquiète et sans équilibre ». Au fond les paroles d'un fonctionnaire visiblement partagé entre sa conscience et son devoir.

De pareils scrupules, sincères ou mensongers, Me Chaix d'Est-Ange ne les a pas. De sa plaidoirie qu'il prononce sans grande conviction, il fait une sorte de cours magistral de littérature hardie. Ou plus exactement un survol des auteurs qui, avant Baudelaire, ont traité du mal et du vice dans leurs œuvres. Il cite les uns à la suite des autres Dante, Molière, La Fontaine, Voltaire, Balzac, Musset, Béranger (qui vient de mourir en juillet), Gautier (et son roman *Mademoiselle de Maupin*), Sand... Il nomme aussi Lamartine et son poème *Désespoir* que personne ne prendrait, dit-il, pour un outrage à la morale religieuse. Dans sa liste, il n'omet pas non plus Barbey d'Aurevilly. Mais en l'occurrence il se réfère uniquement à un article élogieux que l'écrivain catholique a consacré aux *Fleurs du mal*, qui doit paraître dans *Le Pays* et dont le texte est mis à la disposition des juges —

une brochure préparée et mise au point par Baudelaire.

En somme, la stratégie de Me Chaix d'Est-Ange repose sur un postulat assez simple, voire simpliste, mais sans fondement juridique solide : puisque tous ces auteurs appelés en renfort n'ont pas été condamnés pour immoralité par les tribunaux, il n'y a aucune raison de punir Baudelaire.

Le jugement est rendu le jour même.

> Attendu que l'erreur du poète, dans le but qu'il voulait atteindre et dans la route qu'il a suivie, quelque effort de style qu'il ait pu faire, quel que soit le blâme qui précède ou qui suit ses peintures, ne saurait détruire l'effet funeste des tableaux qu'il présente au lecteur, et qui, dans les pièces incriminées, conduisent nécessairement à l'excitation des sens par un réalisme grossier et offensant pour la pudeur[1].

Sur cette base, le tribunal ordonne que six des poèmes des *Fleurs du mal* soient supprimés : *À celle qui est trop gaie*, *Les Bijoux*, *Léthé*, *Lesbos*, *Les Métamorphoses du vampire* et le long poème commençant par le vers *À la pâle clarté des lampes languissantes*. Il condamne de plus Baudelaire à trois cents francs d'amende et les deux éditeurs, Poulet-Malassis et De Broise, à cent chacun.

Après l'audience, Baudelaire confie à Asselineau qu'il ne s'attendait pas à ce verdict et qu'il avait même cru que le tribunal lui ferait une « réparation d'honneur ». Il clame qu'il s'agit d'un lamentable malentendu, qu'il a toujours considéré que la littérature et les arts sont au service de la morale. Et il va jusqu'à parler d'« aventure ridicule » et de

« comédie », une comédie qui a « duré longtemps », ainsi qu'il l'écrit à Flaubert, en réponse à deux lettres dans lesquelles ce dernier lui a manifesté son soutien et toute sa sympathie.

Le lendemain, une foule de curieux se pressent rue de Buci afin d'acheter *Les Fleurs du mal* et de prendre connaissance des six pièces condamnées, alors que, de leur côté, les amis de Baudelaire se mettent à les réciter à haute et intelligible voix dans les restaurants et les cafés où ils ont l'habitude de se retrouver.

Dix jours plus tard, contre toute attente, le martyr de la littérature qu'il est soudain devenu reçoit une lettre de Victor Hugo qui lui assure que ses poèmes des *Fleurs du mal* « rayonnent et éblouissent comme des étoiles ». De Guernesey où il s'est réfugié en 1855, après avoir vécu à Bruxelles et à Jersey, Hugo, en réalité, jubile à l'idée de fustiger la justice impériale :

Une des rares décorations que le régime actuel peut accorder, vous venez de la recevoir. Ce qu'il appelle sa justice vous a condamné au nom de ce qu'il appelle sa morale ; c'est là une couronne de plus. Je vous serre la main, poète[2].

Ces mots incitent Baudelaire à ne pas se pourvoir en appel.

C'est sur ces entrefaites que lui arrive quelque chose auquel il ne croyait plus, quelque chose qui, jusque-là, ne ressortissait qu'à ses désirs les plus impénétrables, qu'à ses seuls rêves érotiques : Apollonie Sabatier, la Présidente, se donne à lui, dans un petit hôtel de passe de la rue Jean-Jacques-

Rousseau. Et elle lui dit qu'elle l'aime, qu'elle ne l'a jamais connu aussi beau, aussi adorable, aussi amant. Et il lui avoue pour sa part qu'il a été à elle entièrement, de corps, d'esprit et de cœur, depuis le premier jour où il l'a vue...

Mais, tout aussitôt, Baudelaire réalise que ce fabuleux roman qu'il a bâti dans sa tête, cette histoire d'amour imaginatif, vient, en une heure à peine, de s'effondrer. C'est une femme inaccessible qui a été durant des années l'objet de son exaltation et de son adoration, et c'est presque une femme comme une autre qu'il a tenue entre ses bras et avec laquelle il a fait maladroitement l'amour. Elle était sa divinité — et tant qu'elle l'était, elle restait magnifique et inviolable. Il se rend compte également qu'il n'a plus la foi pour aimer, pour aimer une femme désintéressée et digne de respect.

Le 31 de ce mémorable mois d'août 1857, il écrit à la Présidente. Dans sa lettre, il recourt à des prétextes, évoque Mosselman qui continue d'entretenir sa maîtresse, « un honnête homme qui a le bonheur d'être toujours amoureux ». Il dit qu'il a peur, peur d'elle et, surtout, peur de lui, de son « propre orage », qu'il craint d'être jaloux tôt ou tard, que ce serait une « horreur » d'en arriver là.

Je suis un peu fataliste. Mais ce que je sais bien, c'est que j'ai horreur de la passion, — parce que je la connais, avec toutes ses ignominies ; — et voilà que l'image bien-aimée qui dominait toutes les aventures de la vie devient trop séduisante[3].

Il bat en retraite, pour tout dire, vaincu par les pièges puérils et délicieux qu'il a tendus. Impuissant, comme toujours, à gouverner ses désirs, à unir les folles pulsions de son être double, à la fois attiré et dégoûté, exalté et déçu, crédule et incrédule, mystique et pécheur, séducteur et goujat.

Le mal de vivre

À peine Baudelaire a-t-il annoncé à la Présidente qu'il se sent incapable de l'aimer et qu'elle va désormais devenir son « insupportable obsession » que Jeanne, une fois encore, l'appelle à son secours.

Elle est au plus mal, se plaint et gémit sans cesse, et souffre atrocement quand elle doit se déplacer. Jeanne est minée par le mauvais vin, le vin des chiffonniers, les litrons qu'elle avale à toute heure du jour et de la nuit, par les malheurs qui ne la quittent plus.

Mais que peut-il faire ? Que peut-il lui offrir encore, lui qui est si orgueilleux, si vaniteux, et qui croit que le tribunal l'a humilié, lui qui a l'affreux sentiment d'accumuler à son corps défendant les revers et les échecs ?

Il essaie d'aider Jeanne comme il le peut, en grignotant sur les maigres émoluments que lui rapportent ses écrits. Depuis quelque temps, l'envie lui est venue de composer des petits poèmes en prose, à la manière d'Aloysius Bertrand et de son *Gaspard de la nuit* dont la première édition, posthume, en 1842, a longtemps traîné sur les quais, dans les boîtes des bouquinistes. Six d'entre eux ont paru le 24 août 1857 dans *Le Présent*, une revue plutôt modeste, sous le titre général de *Poèmes nocturnes*. En fait notamment partie *Un hémisphère dans une chevelure*, une ode aux cheveux « élastiques et rebelles » d'une femme noire, souvenir de ses ébats à l'époque où il a voyagé, à l'âge de vingt ans, sur le *Paquebot-des-Mers-du-Sud* — un beau texte sensuel qui n'a rien de nocturne.

De plus en plus aussi, il jette ses réflexions et ses remarques sur des feuillets qu'il intitule tantôt *Fusées*, tantôt *Mon cœur mis à nu*, deux titres qu'il a empruntés aux *Marginalia* de Poe, c'est-à-dire un ensemble de considérations critiques et théoriques publiées dans divers journaux américains et que Baudelaire songe à traduire.

Comme il entretient de bonnes relations avec *Le Présent*, il lui soumet son vieux projet de consacrer une étude à la caricature. Il y travaille d'arrache-pied durant le mois de septembre, dans sa chambre d'hôtel du quai Voltaire ; mais ce sont des moments souvent pénibles pendant lesquels il ne sait trop où il en est et ne croit plus à grand-chose, surtout pas au bonheur ni à la lucidité de ses contemporains.

Finalement, son étude paraît en deux livraisons, le 1er et le 15 octobre, la première relative aux caricaturistes français, la seconde aux caricaturistes étrangers. L'occasion de reparler entre autres d'Honoré Daumier, un des hommes les plus « importants » de l'art moderne, avec ses étonnantes charges politiques. « C'est un tohu-bohu, un capharnaüm, une prodigieuse comédie satanique, tantôt bouffonne, tantôt sanglante, où défilent, affublées de costumes variés et grotesques, toutes les honorabilités politiques. » L'occasion aussi d'évoquer de nouveau Grandville et Gavarni. Sans omettre, parmi les étrangers, Hogarth et Goya, représentant « le comique éternel ». « Goya, note Baudelaire, est toujours un grand artiste, souvent effrayant. Il unit à la gaîté, à la jovialité, à la satire espagnole du bon temps de Cervantès, un esprit beaucoup plus moderne, ou du moins qui a été beaucoup cherché dans les temps modernes, l'amour de l'insaisissable, le sentiment des contrastes violents, des épouvantements de la nature et des physionomies humaines étrangement animalisées par les circonstances[1]. »

Trois jours après la publication de *Quelques caricaturistes étrangers* dans *Le Présent*, c'est au tour de *L'Artiste* d'accueillir une autre de ses contributions. Il s'agit d'un article sur *Madame Bovary* de Flaubert, en chantier depuis le mois d'août et que Baudelaire aurait dû écrire plus tôt, mais dont la rédaction a été retardée par le procès des *Fleurs du mal*. Le premier paragraphe : « En matière de critique, la situation de l'écrivain qui vient après tout le monde, de l'écrivain retardataire, comporte des avantages que n'avait pas l'écrivain prophète, celui qui annonce le succès, qui le commande, pour ainsi dire, avec l'autorité de l'audace et du dévouement[2]. »

Dans son texte, il se montre très *politique*, mais nullement à la manière caricaturale de Daumier. Tout au contraire, il remercie la magistrature française de « l'éclatant exemple d'impartialité et de bon goût qu'elle a donné » quand elle a eu à se prononcer sur le roman de Flaubert — et quel roman ! le roman « le plus impartial, le plus loyal », « une vraie gageure, un pari, comme toutes les œuvres d'art[3] ». Par là, il continue de montrer qu'il croit à la justice de son pays et que la condamnation que lui-même a subie n'a jamais été qu'un malentendu.

Il en est tellement persuadé que, le 6 novembre, il n'hésite pas à écrire une lettre à l'impératrice Eugénie.

Madame,

Il faut toute la prodigieuse présomption d'un poète pour oser occuper l'attention de Votre Majesté d'un cas aussi petit que le mien. J'ai eu le malheur d'être condamné pour un recueil de poésies intitulé : *Les Fleurs du mal*, l'horrible franchise de mon titre ne m'ayant pas suffisamment protégé. J'avais cru faire une belle et grande œuvre, surtout une œuvre claire ; elle a été jugée assez obscure pour que je sois condamné à refaire le livre et à retrancher quelques morceaux (*six* sur *cent*). Je dois dire que j'ai été traité par la Justice avec une courtoisie admirable, et que les termes mêmes du jugement impliquent la reconnaissance de mes hautes et pures intentions[4]...

Ces précautions prises, il demande la remise de l'amende qu'il doit, une somme dépassant, dit-il, « les facultés de la pauvreté proverbiale des poètes ». Et après s'être targué d'avoir reçu des preuves d'estime d'amis haut placés, il prie l'impératrice d'intervenir personnellement pour lui auprès du ministre de la Justice.

Mais Baudelaire n'est pas bien, ni physiquement ni moralement. Il se sent diminué, comme anéanti. Ainsi qu'il le confie à sa mère, il éprouve un « immense découragement, une sensation d'isolement insupportable, une peur perpétuelle d'un malheur vague ». Il n'a aucun désir, il lui semble impossible de trouver « un amusement quelconque ». C'est à peine si le succès des *Fleurs du mal* et les haines que le recueil a soulevées l'intéressent encore.

À quoi bon écrire, « habiller des fictions » ? « Je ne me rappelle pas être jamais tombé si bas et m'être traîné si longtemps dans l'ennui », écrit-il à Mme Aupick.

Et puis il y a le désespoir permanent de sa pauvreté, les nombreuses dettes dont il ne parvient pas à se défaire. Auxquels s'ajoutent « de singuliers étouffements et des troubles d'intestins et d'estomac qui durent depuis des mois ». « Tout ce que je mange m'étouffe ou me donne la colique. Si le moral peut guérir le physique, un violent travail continu guérira, mais il faut vouloir, avec une volonté affaiblie ; — cercle vicieux[5]. »

Seule faible lueur : il découvre chez un marchand d'art du passage des Panoramas un tableau de son père, une femme couchée voyant deux figures nues en rêve. L'œuvre est médiocre, mais il ne peut pas s'empêcher d'être ému et de se souvenir de ses années d'enfance, rue Hautefeuille.

« Ancelle est un misérable »

Ce qui agace le plus Baudelaire, alors qu'il est plongé dans des affres physiques et morales, c'est de savoir que Mme Aupick et Narcisse Désiré Ancelle ont la possibilité de lui avancer l'argent dont il a besoin mais qu'ils ne le font pas.

L'argent, encore l'argent, toujours l'argent !

Il est ravi, bien sûr, que le ministre de l'Instruction publique lui accorde, en janvier 1858, une indemnité de cent francs pour sa traduction des *Nouvelles histoires extraordinaires*. Et il l'est davantage, deux jours plus tard, quand il apprend que le garde des Sceaux a décidé de réduire à cinquante francs l'amende infligée par la 6e Chambre correctionnelle pour *Les Fleurs du mal*...

Comme quoi, il n'a pas eu tort de se montrer présomptueux et d'écrire à l'impératrice... Toutefois, cela ne résout absolument pas ses multiples problèmes.

Il se dit alors qu'il devrait aller voir Antoine Jaquotot, lequel a été témoin au mariage de sa mère et de son beau-père et qui est, au même titre que Jean-Louis Emon, un des membres du conseil de famille formé en 1842. Il pense que cet homme, qu'il n'a pourtant pas revu depuis qu'il a atteint sa majorité légale, serait un excellent diplomate, qu'il pourrait d'une manière habile faire pression d'abord sur Mme Aupick, ensuite sur Ancelle. Son objectif immédiat : épurer toutes ses dettes parisiennes et rassembler assez d'argent pour partir s'installer à Honfleur.

Après une entrevue avec Jaquotot, Ancelle a un comportement assez étrange : il se rend immédiatement à l'hôtel Voltaire et raconte au maître de maison que Baudelaire, contrairement à ce qu'il serait peut-être amené à prétendre, ne lui donnera jamais l'argent qu'il lui doit.

Dès que ces curieux faits lui sont rapportés, Baudelaire entre dans une colère noire. Des larmes de rage dans les yeux, la bile lui montant à la gorge, il adresse immédiatement des plis à sa mère. « Ancelle, déclare-t-il, est un misérable que je vais souffleter devant sa femme et ses enfants, je vais le souffleter à 4 heures (il est 2 heures et demie) et si je ne le trouve pas, je l'attendrai. Je jure que ceci aura une fin, et une fin terrible[*1]. » Il exige coûte que coûte une réparation, une réparation « éclatante » — et déjà il se demande s'il ne doit pas chercher des témoins au cas où il lui faudrait se battre en duel avec Ancelle ou avec son fils.

Par bonheur, Mme Aupick réussit à le calmer. Puis elle lui fait remettre une importante somme

---

* Tous les termes, du premier « souffleter » au second « souffleter », sont soulignés plusieurs fois dans la lettre.

d'argent afin qu'il s'acquitte de ses dettes les plus urgentes, ne serait-ce que des loyers impayés de sa chambre à l'hôtel Voltaire[*].

Pourtant, au lieu de gagner Honfleur ainsi qu'il en avait manifesté le désir, il va à Corbeil. Non pour s'y installer mais pour y corriger, aux ateliers typographiques Crété, les épreuves des *Aventures d'Arthur Gordon Pym*, le troisième volume des œuvres de Poe éditées par Michel Lévy, et pour en vérifier en détail la composition. Il ne tient pas du tout à ce que se reproduisent les coquilles et les fautes des *Histoires extraordinaires*...

Quand le livre est mis en vente, à la fin du mois d'avril, Baudelaire sollicite de nouveau Sainte-Beuve, espérant toujours un bel et grand article élogieux de sa part. Il compte aussi sur un bon papier de Barbey d'Aurevilly. Mais celui qu'il découvre le 15 mai dans *Le Réveil*, l'hebdomadaire de la droite catholique, le rend furibond : le Connétable maltraite sans ménagement l'écrivain américain et en fait un vulgaire ivrogne.

Le temps de laisser passer son irritation et voilà que *Le Figaro* lui prête, dans son édition du 6 juin, des propos fort désobligeants à l'encontre de Victor Hugo en personne et des principaux auteurs romantiques. Un certain Jean Rousseau y affirme que le poète pousse son orgueil et son ingratitude jusqu'à renier les grands maîtres qu'il a vénérés et qu'il se sent à présent obligé de leur « cracher dessus ».

---

[*] Ancelle vend alors un titre de rente de trois mille francs.

Tombant des nues, Baudelaire envoie au directeur du journal une lettre de protestation teintée d'ironie.

Je crois, Monsieur, que l'auteur de cet article est un jeune homme qui ne sait pas encore bien distinguer ce qui est permis de ce qui ne l'est pas. Il prétend qu'il épie toutes mes actions ; avec une bien grande discrétion, sans doute, car je ne l'ai jamais vu.

L'énergie que *Le Figaro* met à me poursuivre pourrait donner à certaines personnes mal intentionnées, ou aussi mal renseignées sur votre caractère que votre rédacteur sur le mien, l'idée que ce journal espère trouver une grande indulgence dans la justice le jour où je prierais le tribunal qui m'a condamné de vouloir bien me protéger.

Remarquez bien que j'ai, en matière de critique (purement littéraire), des opinions si libérales que j'aime même la licence. Si donc votre journal trouve le moyen de pousser encore plus loin qu'il n'a fait sa critique à mon égard (pourvu qu'il ne dise pas que je suis une âme malhonnête), je saurai m'en réjouir comme un homme désintéressé[2].

Il ne s'ensuit pas une affaire Victor Hugo, même si Jean Rousseau, l'auteur de l'article incriminé, persiste et dit n'avoir rien inventé. Baudelaire a néanmoins l'impression d'être la cible d'échotiers et de folliculaires déterminés à le traîner dans la boue. Il ne se sent pas abattu pour autant et nourrit d'autres projets. Il ne lui déplairait pas en particulier de travailler sur l'œuvre de Thomas De Quincey et de traduire les *Confessions d'un mangeur d'opium anglais* dans leur intégralité car Alfred de Musset n'en a donné, en 1828, qu'un condensé en langue française. En attendant, il publie dans

La Revue contemporaine un essai, *De l'idéal arti-ficiel — le hachich*, où il rend hommage à De Quincey chez qui il voit un auteur « digressif » et dont il qualifie d'« exquises » les abondantes et réjouissantes dissertations. Et il envisage d'écrire d'autres poèmes « nocturnes » et d'autres pièces en vers qui pourraient figurer dans une prochaine édition revue et augmentée des *Fleurs du mal*. Il n'oublie pas non plus de poursuivre ses études sur les peintres. Dont une serait dévolue aux peintres *qui pensent*...

Encore lui faudrait-il la sérénité pour mener à bien tous ces projets et il ne l'a plus réellement à l'hôtel Voltaire, depuis que le *misérable* Ancelle y est venu ternir sa réputation.

En octobre 1858, il quitte les lieux, va loger dans deux ou trois autres garnis, puis prend la dé-cision de résider provisoirement chez Jeanne, rue de Beautreillis, non loin de l'île Saint-Louis et de leurs premiers domiciles, peu de temps après leur rencontre, en 1842.

Cette nouvelle cohabitation est pesante, épui-sante : Jeanne est plus malade que jamais ; quant à lui, il ressent des douleurs aux jambes, de constants maux de ventre et d'estomac, des difficultés de respiration auxquelles il tente de remédier en pre-nant de l'éther et de l'opium. C'est pourquoi l'idée de se fixer à Honfleur lui effleure sans cesse l'es-prit. Dans une lettre qu'il envoie à Mme Aupick, le 19 octobre, il dit qu'il viendra « définitivement » s'y établir à la fin du mois.

Peu après, il est bel et bien sur les routes de la Normandie, mais c'est à Alençon qu'il s'arrête afin de passer quelques jours chez Poulet-Malassis. La publication et le procès des *Fleurs du mal* les ont, il est vrai, fort rapprochés tous les deux.

Les dettes aussi.

Et une mauvaise habitude : celle d'échanger des traites de complaisance.

D'une femme l'autre

Honfleur.

Voilà, il y est enfin, il est revenu chez sa mère, il est retourné au bercail après des années d'errance et de perdition, il est avec cette femme qui lui a donné la vie et qui, si elle s'est souvent effacée derrière ses deux maris successifs, n'en est pas moins une forte personnalité. Elle est la seule capable de lui offrir une certaine sécurité matérielle, un semblant de foyer où il peut se sentir à l'abri des tracas et des mille et une vicissitudes de l'existence.

Il n'y a aucun risque désormais qu'un tiers s'interpose entre eux. Quand bien même Ancelle et Émon veillent au grain et ne laissent pas Mme Aupick faire ce qu'elle veut de ses rentes et ses économies. D'ailleurs, elle n'est pas des plus riches, le général ne s'étant jamais soucié d'amasser une fortune. Avec ce qu'elle hérite de lui et la petite pension que lui accorde l'État depuis la mort de Joseph-François Baudelaire, elle a de quoi assurer ses vieux jours. Mais sans plus. En tout cas, sans devoir venir constamment au secours de son fils.

Les premiers jours de son installation à Honfleur, en janvier 1859, Baudelaire est satisfait. Dans la « maison-joujou », ainsi qu'il appelle lui-même le petit pavillon de Mme Aupick, il occupe deux pièces, une chambre et un bureau, où il a tout loisir de travailler tranquillement.

Il passe, en réalité, beaucoup de temps à écrire des lettres à ses amis à Paris. Naturellement, un des premiers auxquels il s'adresse est Asselineau qui, quatre mois plus tôt, a publié chez Poulet-Malassis et De Broise *La Double Vie*[*]. Ce volume, qui réunit onze nouvelles d'inspiration fantastique, fait l'objet, le 9 janvier, d'un compte rendu enthousiaste de Baudelaire dans *L'Artiste*. « Un grand talent dans M. Asselineau, remarque-t-il sans qu'on puisse qualifier son article de complaisant, c'est de bien comprendre et de bien rendre la légitimité de l'absurde et de l'invraisemblable. Il saisit et il décalque, quelquefois avec une fidélité rigoureuse, les étranges raisonnements du rêve. Dans des passages de cette nature, sa façon sans façon, procès-verbal cru et net, atteint un grand effet poétique[1]. »

En général, avec Asselineau, il parle de tout et de rien, de choses graves ou importantes, et de choses plus futiles. Si ce n'est, carrément, de potins. Le 20 février, il lui fait part ainsi d'une « chronique locale ». Non sans le prier de ne pas mentionner son nom, si par hasard elle devait parvenir aux oreilles d'un autochtone à Honfleur.

---

[*] L'adresse parisienne de Poulet-Malassis et De Broise est, cette fois, 9 rue des Beaux-Arts.

J'ai appris par des ouvriers, qui travaillaient au jardin, qu'on avait surpris, il y a déjà longtemps, la femme du maire, se faisant foutre dans un confessionnal. Cela m'a été révélé parce que je demandais pourquoi l'église Sainte-Catherine était fermée aux heures où il n'y a pas d'offices. Il paraît que le curé a pris depuis lors ses précautions contre le sacrilège. C'est une femme insupportable, qui me disait dernièrement qu'elle avait connu le peintre qui a peint le fronton du Panthéon, mais qui doit avoir un cul superbe (elle). Cette histoire de fouterie provinciale, dans un lieu sacré, n'a-t-elle pas tout le sel classique des vieilles saletés françaises[2] ?

Cette retraite normande, Baudelaire la met à profit pour avancer dans ses travaux qui, au vrai, sont de plus en plus nombreux. Il y a les traductions de Poe auxquelles il n'est pas prêt à renoncer ; il y a ses vers, et il y a ses poèmes en prose et toutes les réflexions qu'il jette en désordre sur des bouts de papier et dont certaines constituent des notes devant servir aux articles et aux essais qu'il envisage d'écrire. Il y a, au surplus, ses études littéraires.

Celle qui retient pour l'heure son attention a trait à Théophile Gautier. C'est comme si, en s'appliquant sur l'auteur de *Mademoiselle de Maupin*, il s'acquittait d'une dette, d'une dette d'admiration, la seconde après lui avoir dédié *Les Fleurs du mal*, lui le « très cher et très vénéré maître et ami » qu'il connaît depuis de longues années. Et cette admiration est sincère puisque personne ne l'oblige à mener à bien l'étude en question.

Baudelaire, c'est indéniable, aime admirer, sans

doute davantage par instinct que par calcul. Pour preuve, la majorité des hommes dont il fait grand cas sont morts : de Maistre, Chateaubriand, Balzac, Poe... Chez Gautier, il aime plus particulièrement l'écrivain délicat et aristocrate, c'est-à-dire l'écrivain qui refuse d'être « populacier », au risque de ne pas rencontrer toute la gloire qu'il mérite. Il aime sa passion du beau, son style.

> Si l'on réfléchit, dit-il, qu'à cette merveilleuse faculté Gautier unit une immense intelligence innée de la *correspondance* et du symbolisme universels, ce répertoire de toute métaphore, on comprendra qu'il puisse sans cesse, sans fatigue comme sans faute, définir l'attitude mystérieuse que les objets de la création tiennent devant le regard de l'homme. Il y a dans le mot, dans le *verbe*, quelque chose de *sacré* qui nous défend d'en faire un jeu de hasard. Manier savamment une langue, c'est pratiquer une espèce de sorcellerie évocatoire[3].

Il aime aussi l'homme chez Gautier, l'homme bon et capable d'accueillir les auteurs en herbe, de les encourager, ainsi qu'il en a lui-même fait l'expérience à ses débuts, et il aime sa serviabilité et sa franchise. Pour lui, Gautier est sans conteste l'égal des plus grands dans le passé, « un modèle pour tous ceux qui viendront, un diamant de plus en plus rare dans une époque ivre d'ignorance et de matière, c'est-à-dire un parfait homme de lettres ».

« Une époque ivre d'ignorance et de matière »... Ces mots, tout à la fin de son étude, Baudelaire ne les écrit pas par hasard. Ils traduisent réellement ce qu'il pense et ce qu'il ressent. Ils correspondent à ce qu'il constate depuis qu'il est immergé dans le monde tourbillonnant des arts et des lettres. Et ce qu'il constate avec dépit, c'est que la France n'est pas poète, qu'elle éprouve même une horreur congénitale de la poésie. Le Beau en France, note-t-il en mettant la majuscule, n'est « facilement digestible que relevé par le condiment politique ». De là, selon lui, la ruine et l'oppression de tout caractère original. De là le triste sort qui est le sien.

Et dire qu'à son âge, trente-huit ans, il a dû trouver refuge chez sa mère !

Au bout de quelques semaines à Honfleur, le tohu-bohu de Paris lui manque. Comme lui manquent ses drogues qu'il a toutes les difficultés à se procurer à la pharmacie du bourg tenue depuis 1850 par Charles-Auguste Allais*.

Et Jeanne en plus qui le réclame...

En mars, il est de retour chez elle, rue Beautreillis. Elle est affreuse, elle se traîne, il ne l'a encore jamais vue dans un état physique aussi déplorable...

Pour comble, en avril, elle est frappée de paralysie et doit être transportée dans une maison de santé du faubourg Saint-Denis. Une fois encore, c'est lui qui se charge des frais d'hospitalisation, aidé heureusement par Poulet-Malassis avec lequel il a plusieurs projets de livres : une seconde édition des *Fleurs du mal* contenant de nombreux poèmes inédits, un volume de critiques artistiques et *Les Paradis artificiels*.

Ayant rempli ses devoirs envers Jeanne, il dé-

_____

* Il est le père d'Alphonse Allais.

cide de repartir à Honfleur, quelques jours après l'ouverture du Salon de 1859 qu'il visite en coup de vent au Palais des Champs-Élysées, la tête ailleurs, déjà tournée vers l'« ampleur du ciel » et « l'architecture mobile des nuages », au-dessus de la paisible « maison-joujou » de sa mère.

« Le Prince des Charognes »

Un des amis auxquels Baudelaire écrit souvent, une fois réinstallé à Honfleur, n'est autre que Félix Tournachon, alias Nadar. Ils ne se sont pas perdus de vue, non, mais Nadar n'a plus guère le temps de festoyer et de sortir : marié, il est à présent très pris par son travail. Non seulement il continue de donner des dessins et des caricatures aux journaux et aux périodiques, mais il s'est découvert une toute nouvelle et dévorante passion : la photographie. Il est du reste, depuis le mois de mars 1854, officiellement photographe, et a établi son atelier 113 rue Saint-Lazare. Il s'est spécialisé dans les portraits et il a fait poser des écrivains, des peintres et des musiciens tels que Nerval (juste avant qu'il ne meure), Gautier, Vigny, Dumas, Sand, Asselineau, Banville, Delacroix, Doré ou encore Rossini. Et, il va sans dire, son vieil ami Baudelaire à plusieurs reprises. En 1856, il a par ailleurs fondé la Société de photographie artistique.

Comme il a conservé son esprit goguenard et son sens aigu de l'ironie et de la satire, il a cru bon, dans *Le Journal amusant* du 10 juillet 1858, d'exécuter une caricature représentant un père atterré de trouver un exemplaire des *Fleurs du mal* entre les mains de sa petite fille. Au début de cette année 1859, il a aussi dessiné Baudelaire devant une charogne, référence directe au poème homonyme du recueil.

Dans une lettre qu'il lui envoie le 14 mai, Baudelaire s'en plaint, se dit peiné de passer pour « le Prince des Charognes ». Mais, s'il lui écrit alors, c'est avant tout pour lui demander un mandat-poste, prétextant que sa mère est partie en voyage et l'a laissé « absolument sans le sol ». Avant de lui parler de ce qu'il écrit pour l'heure et de lui avouer qu'il prépare un article sur le Salon de 1859 « sans l'avoir vu ». « *Mais j'ai un livret*, précise-t-il. Sauf la fatigue de deviner les tableaux, c'est une excellente méthode, que je te recommande. On craint de trop louer et de trop blâmer ; on arrive ainsi à l'impartialité[1]. »

C'est *La Revue française* qui publie en quatre livraisons, en juin et en juillet, le *Salon de 1859*, sous la forme de lettres au directeur de la publication, Jean Morel. Si le *Salon de 1845* constituait un catalogue et celui de 1846 une sorte d'inventaire général des problèmes de l'art, celui-ci se présente comme un essai d'esthétique, comme une promenade philosophique à travers la peinture, émaillée par des exemples concrets, c'est-à-dire les œuvres mêmes exposées au Palais des Champs-Élysées.

Baudelaire considère que l'artiste n'a pas à se soucier du réel, et d'autant moins que le pauvre réel ne se révèle à lui qu'à travers le vernis des apparences. Il s'en prend donc au réalisme que prône et défend Champfleury, s'oppose à tout cet art, très en vigueur à la fin des années 1850, qui vise à imiter la nature et qu'illustrent entre autres les tableaux de Jean-François Millet. C'est la raison pour laquelle, au rebours des travaux de Nadar, il se dresse également contre la photographie, « le refuge de tous les peintres manqués, trop mal doués ou trop paresseux pour achever leurs études ». À ses yeux, la photographie ne peut être et ne doit être que l'humble servante des sciences et des arts. Ce qui revient à dire qu'il ne lui est pas « permis d'empiéter sur le domaine de l'impalpable et de l'imaginaire, sur tout ce qui ne vaut que parce que l'homme y ajoute de son âme[2] ».

Par contraste, Baudelaire fait l'éloge, l'apologie de l'imagination, la reine des facultés, la seule chez l'individu qui soit « positivement apparentée avec l'infini », la seule capable d'exciter le créateur et de l'envoyer au combat. Dès lors, tout, pense-t-il, se résume à cette question unique : l'artiste a-t-il de l'imagination ? Et cette imagination qui enseigne « le sens moral de la couleur, du contour, du son et du parfum », cette imagination qui est *créatrice* au sens divin du terme, Baudelaire la recherche aussi bien dans les portraits et les paysages que dans les scènes de genre et les caricatures. Les artistes imaginatifs sont au demeurant peu nombreux dans le *Salon de 1859* : Eugène Fromentin avec ses toiles nord-africaines, Eugène Boudin qui a le sens des « magies liquides et aériennes », peut-être Charles Méryon, l'aquafortiste, qui est parvenu à représenter avec poésie la solennité naturelle du Paris si cher à Victor Hugo et chez qui, par le biais de l'allégorie, l'Antiquité et la modernité s'interpénètrent... Sans omettre Delacroix, « cet homme extraordinaire qui a lutté avec Scott, Byron, Goethe, Shakespeare, Arioste, Tasse, Dante et l'Évangile, qui a illuminé l'histoire des rayons de sa palette et versé sa fantaisie à flots dans nos yeux éblouis[3] ».

Alors que *La Revue française* achève la publication du *Salon de 1859*, Baudelaire rentre à Paris. Il réside quelques jours chez Jeanne, qui est sortie de la maison de santé où elle a été soignée tant bien que mal, puis il prend ses quartiers dans une petite chambre située au cinquième étage de l'hôtel de Dieppe, 22 rue d'Amsterdam.

Sans cesse en quête d'argent, il se met bientôt en rapport avec l'éditeur Eugène Crépet. Son idée consiste à composer un ouvrage anthologique sur les poètes français depuis l'origine et à écrire les notices sur certains d'entre eux, ceux qui lui sont les plus familiers, à l'instar de Théophile Gautier, de Pétrus Borel ou encore de Pierre Dupont. En même temps, il presse Michel Lévy de lui établir un nouvel accord pour une traduction d'*Eurêka* de Poe, quoiqu'il sache que cette dernière œuvre est un essai assez ardu et qu'elle développe certaines considérations bizarres qu'il ne partage pas tout à fait. Mais ni Eugène Crépet ni Michel Lévy ne semblent désireux d'aller vite en besogne.

Baudelaire peut néanmoins toujours compter sur Auguste Poulet-Malassis qui, au mois de novembre, édite en volume, à quelques variantes près, son *Théophile Gautier* d'abord publié dans *L'Artiste*.

Avec un ajout de taille : une lettre-préface de Victor Hugo !

Une lettre, à dire vrai, que Baudelaire a presque mendiée, jugeant qu'il avait besoin, pour cautionner son étude et clouer le bec aux imbéciles, d'une « voix plus haute » que la sienne, d'une voix « dictatoriale ».

Je veux être protégé. J'imprimerai humblement ce que vous daignerez m'écrire. Ne vous gênez pas, je vous en supplie. Si vous trouvez, dans ces épreuves, quelque chose à blâmer, sachez que je montrerai votre blâme docilement, mais sans trop de honte. Une critique de vous, n'est-ce pas encore une caresse, puisque c'est un honneur[4] ?

Voici la fin de la lettre à Baudelaire, dans laquelle « le Prince des Charognes » est mis sur le même pied que celui qu'il admire tant : Théophile Gautier…

Que faites-vous donc quand vous écrivez ces vers saisissants : *Les Sept Vieillards* et *Les Petites Vieilles** que vous me dédiez, et dont je vous remercie ? Que faites-vous ? Vous marchez. Vous allez en avant. Vous dorez le ciel de l'Art d'on ne sait quel rayon macabre. Vous créez un frisson nouveau. [...] Le poète ne peut aller seul, il faut que l'homme aussi se déplace. Les pas de l'Humanité sont donc les pas mêmes de l'Art. — Donc gloire au Progrès.

* Deux poèmes des *Fleurs du mal*.

C'est pour le Progrès que je souffre en ce moment et que je suis prêt à mourir. Théophile Gautier est un grand poète, et vous le louez comme son jeune frère, et vous l'êtes. Vous êtes, Monsieur, un noble esprit et un généreux cœur. Vous écrivez des choses profondes et souvent sereines. Vous aimez le Beau. Donnez-moi la main[5].

Jouissance musicale

Oui, Baudelaire peut réellement compter sur Auguste Poulet-Malassis et sur son associé Eugène De Broise puisque aussi bien, quelques semaines après la parution du petit livre consacré à Théophile Gautier, il conclut un nouveau contrat avec eux pour quatre titres à paraître : la seconde édition augmentée des *Fleurs du mal*, *Les Paradis artificiels* et deux autres volumes, le premier regroupant des critiques d'art, le deuxième des critiques littéraires. De plus, les conditions financières sont plutôt bonnes : chacun de ces livres sera tiré à mille cinq cents exemplaires et lui sera payé trois cents francs, moitié à la remise des manuscrits définitifs, moitié au moment où sera signé le dernier bon à tirer sur les épreuves d'imprimerie.

Ce contrat est à peine signé, en janvier 1860, que Baudelaire, hélas, est la proie d'une crise violente, au beau milieu de la rue. C'est la syphilis qui le mine inexorablement. Il ressent tout à coup des douleurs au cerveau, il a des nausées et des vertiges, il titube, il ne peut pas mettre un pied devant l'autre, il manque de s'évanouir, tandis qu'une vieille femme tente de lui porter secours... À la fin, il réussit à rentrer à son hôtel pour se reposer et, après quelques heures pénibles, recouvre petit à petit ses moyens. Dans ses papiers, il note qu'il devrait avoir une meilleure hygiène de vie, supprimer les excitants, quels qu'ils soient.

Pas possible toutefois de vivre sans laudanum et de rester à Paris enfermé entre les quatre murs d'une chambre. Il a besoin de sortir, de s'immerger dans la foule, d'aller au café — au café de Madrid, au café de Mulhouse, au Divan Le Peletier, à la Closerie des Lilas, au Buffet germanique de la rue Jacob... Il a besoin d'aller au spectacle, de voir d'autres écrivains, des directeurs de journaux, des amis proches ou de retourner chez la Présidente qui est toujours aussi attentionnée à son égard, malgré qu'il ait piteusement refusé de devenir son amant, et dont Mosselman, bonne pâte, est toujours le protecteur.

Ainsi, il va écouter la musique de Richard Wagner au Théâtre-Italien et en éprouve une des plus grandes jouissances de sa vie — un « enlèvement » qu'il n'a plus ressenti depuis une bonne quinzaine d'années et qu'il regrette de n'avoir pas eu le bonheur de partager avec Asselineau, excellent mélomane.

Wagner a quarante-sept ans et il connaît bien la France et le public français : il a séjourné à Paris avec sa femme Minna, d'abord de 1839 à 1842, époque durant laquelle il a composé *Le Vaisseau fantôme*, non sans tirer le diable par la queue, puis de nouveau en 1850. Depuis quelques mois, il y est de retour et il a loué un appartement avenue Matignon, Napoléon III s'intéressant fortement à ses œuvres et l'Opéra impérial de Paris devant produire son *Tannhäuser* dont les premières ébauches remontent à 1842.

La plupart de ses grands drames lyriques — *Le Vaisseau fantôme*, *Lohengrin*, *Tristan et Isolde*, *Les Maîtres chanteurs de Nuremberg* — ont d'ailleurs déjà suscité en France des échos contradictoires et des violentes polémiques opposent les wagnériens et les anti-wagnériens, tous plus virulents et intransigeants les uns que les autres. Dans le camp des thuriféraires, il y a notamment eu Nerval qui, dès 1848, a loué *Lohengrin*. Et il y a eu l'incontournable Gautier qui, après avoir entendu *Tannhäuser* en Allemagne en 1857, a réclamé, dans un de ses articles du *Moniteur*, que l'ouvrage soit exécuté dans les délais les plus rapides à l'Opéra impérial de Paris.

Baudelaire est sous le choc, si troublé par le prélude et l'introduction du troisième acte de *Lohengrin* et par la marche de *Tannhäuser*, si indigné aussi des diffamations dont Wagner est la cible en France, qu'il lui écrit une lettre enflammée, selon cette vieille habitude qu'il a prise d'adresser un courrier aux gens qu'il admire, bien qu'il s'en défende.

Autre chose encore : j'ai éprouvé souvent un sentiment d'une nature assez bizarre, c'est l'orgueil et la jouissance de comprendre, de me sentir pénétrer, envahir, volupté vraiment sensuelle, et qui ressemble à celle de monter dans l'air, ou de rouler sur la mer. Et la musique en même temps respirait quelquefois l'orgueil de la vie. Généralement ces profondes harmonies me paraissent ressembler à ces excitants qui accélèrent le pouls de l'imagination. Enfin, j'ai éprouvé aussi, et je vous supplie de ne pas rire, des sensations qui dérivent probablement de la tournure de mon esprit et de mes préoccupations fréquentes. Il y a partout quelque chose d'enlevé et d'enlevant, quelque chose aspirant à monter plus haut, quelque chose d'excessif et de superlatif. [...] Ce sera, si vous voulez, le cri de l'âme montée à son paroxysme[1].

En guise de post-scriptum, Baudelaire écrit : « Je n'ajoute pas mon adresse, parce que vous croiriez peut-être que j'ai quelque chose à vous demander. »

Ce désintéressement, c'est tout lui, c'est lui depuis toujours, depuis qu'à l'âge de dix-neuf ans il a demandé une audience à Victor Hugo. Il lui faut vibrer, il lui faut s'exalter et s'extasier, il lui faut se pâmer. Il lui faut Balzac, Poe ou Delacroix et maintenant Wagner pour vivre, pour supporter le poids terrible de l'existence, pour traverser la médiocrité de son époque et du pays qui est le sien, ce pays où, de son point de vue, on « n'entend plus guère à la poésie et à la peinture qu'à la musique ». Il lui faut *jouir* de la littérature et de l'art.

C'est le même besoin d'engouement qui le pousse aussi, en 1860, à se passionner pour les lavis d'encre et les aquarelles de l'artiste d'origine hollandaise Constantin Guys et à les porter aux nues. Il va même jusqu'à lui en acheter, alors qu'il est criblé de dettes, grâce à l'argent que lui verse Poulet-Malassis pour la correction des épreuves des *Paradis artificiels*. Jusqu'à inciter son entourage à l'imiter, tant il est convaincu que le dessinateur a du génie, un génie comparable à celui de Delacroix.

Car l'art, la musique et la littérature l'aident à surmonter sa peur de mourir avant d'avoir fait tout ce qu'il a à faire, d'avoir écrit tous les livres qu'il projette d'écrire. Sa peur également de voir sa mère disparaître, sans lui avoir donné un témoignage de sa grandeur d'âme et sans s'être débarrassé une fois pour toutes de ses démons, de ses « vices* ».

Tandis qu'il en est toujours à discuter avec Eugène Crépet d'une anthologie sur les poètes français et de questions d'argent, ses *Paradis artificiels* finissent par paraître chez Poulet-Malassis et De Broise. Il est, à ce moment-là, ballotté entre deux sentiments : d'une part le plaisir de voir un nouveau livre de lui en circulation ; de l'autre le regret de ne pas pouvoir le faire parvenir à Thomas De Quincey, décédé le 8 décembre 1859 à Édimbourg, à l'âge de soixante-quatorze ans.

Mais la Mort, que nous ne consultons pas sur nos projets et à qui nous ne pouvons pas demander son acquiescement, écrit-il dans le dernier chapitre du volume, la Mort, qui nous laisse rêver de bonheur et de renommée et qui ne dit ni oui ni non, sort brusquement de son embuscade, et balaye d'un coup d'aile nos plans, nos rêves et les architectures idéales où nous abritons en pensée la gloire de nos derniers jours[2] !

---

* Baudelaire emploie lui-même ce mot à son sujet, dans une lettre à sa mère datée du 26 mars 1860.

Après avoir lu *Les Paradis artificiels*, Flaubert, le sire de Vaufrilard, s'étonne d'y trouver de nombreux passages sur lesquels souffle l'esprit du mal. Il y sent « comme un levain de catholicisme » et en fait le reproche à Baudelaire.

Retour à Neuilly

À la parution des *Paradis artificiels*, Baudelaire, comme à l'accoutumée, cherche à obtenir des articles, et de préférence des articles positifs au bas desquels figurent de prestigieuses signatures.

Il ne peut pas, évidemment, ne pas repenser à Sainte-Beuve. Depuis des années, il lui envoie des lettres d'admiration et de respect, le prie de parler en sa faveur auprès des directeurs de journaux et de revues, le sollicite pour un papier, sachant fort bien que le moindre paragraphe de sa main aura des répercussions.

Cette fois, on lui assure à la rédaction du *Moniteur universel* qu'on est tout disposé à insérer un article sur *Les Paradis artificiels*. Du moins si Sainte-Beuve daigne en écrire un. Mais, une fois encore, Sainte-Beuve se dérobe. Il se contente d'expédier à Baudelaire une lettre personnelle où il le complimente et l'encourage. Il est vrai qu'il est un homme qui a toujours ménagé les gens en place et qu'il n'est pas du tout disposé à « soutenir de son autorité[1] » un auteur célébrant l'alcool, la prostitution, le blasphème et le suicide et ayant été de

187

surcroît condamné par les tribunaux pour outrages aux bonnes mœurs.

Baudelaire, de même, repense à Barbey d'Aurevilly. Ses relations avec le Connétable sont cependant fort différentes. Bien qu'il le vouvoie, il s'adresse à lui en l'appelant « Cher *Vieux Mauvais Sujet* » et « Misérable », ne manque pas de lui dire, dans une lettre qu'il lui envoie le 9 juillet 1860, qu'un chapitre d'un de ses articles sur Lacordaire est « horriblement embrouillé » et que cet article aurait sans doute gagné à être davantage traité en profondeur. Et Barbey d'Aurevilly, que tout oppose à Sainte-Beuve, donne bientôt dans *Le Pays* un compte rendu des *Paradis artificiels*.

En plein été 1860, Baudelaire est pris de bougeotte. Il en a tout à coup assez de l'hôtel de Dieppe, rue d'Amsterdam, et décide de louer un appartement à Neuilly où il s'était déjà établi à deux reprises, d'abord en août 1848, puis de mai 1850 à juillet 1851. C'est au 4 rue Louis-Philippe. Sans tarder, il y fait transporter ce qu'il appelle ses « débris ». À savoir les rares meubles, objets et tableaux qu'il possède et qu'il a traînés, quand il en a eu la possibilité, d'un logis à l'autre depuis près de vingt ans.

L'idéal, songe-t-il, serait d'habiter cet appartement de Neuilly en alternance avec la maison de Mme Aupick à Honfleur — Honfleur où il a toujours été extrêmement productif. Il y installe Jeanne qui est hémiplégique mais reste quand même à l'hôtel de Dieppe. Réflexion faite, il se dit qu'il y sera plus tranquille pour s'attacher de près aux préparatifs de la seconde édition des *Fleurs du mal*, que Poulet-Malassis compte mettre en vente au printemps de l'année suivante, et à ceux des deux volumes de critiques, *Curiosités esthétiques* et *Opinions littéraires*.

Poulet-Malassis est lui aussi plongé dans des affaires immobilières. À Paris, il a d'abord eu son dépôt chez un libraire catholique de la rue de Buci, puis a occupé un bureau dans un entresol de la rue des Beaux-Arts ; à présent, sur les conseils de Baudelaire et de Banville, il loue un magasin au centre de la capitale, non loin de l'officine de Michel Lévy. C'est un petit événement qui fait l'objet, en octobre, d'un écho dans *La Revue anecdotique*.

> L'éditeur Poulet-Malassis, dont la maison à Paris était située jusqu'ici rue des Beaux-Arts, vient de louer une boutique au coin du passage Mirès et de la rue de Richelieu. On parle beaucoup de la décoration future de cette nouvelle librairie. Les peintres réalistes doivent y peindre des plafonds et des fresques ; on cite les noms de Courbet, d'Amand, Gautier* et d'autres. On y viendra comme à la Librairie Nouvelle feuilleter et parcourir les ouvrages nouveaux. Ce sera un centre où l'on se retrouvera, et l'on apprendra les nouvelles littéraires du jour.
>
> *La Revue anecdotique* ne doute pas du succès de l'entreprise, et elle compte bien y aller glaner quelquefois[2].

En même temps que les travaux d'installation sont entrepris afin que la librairie ouvre ses portes en janvier 1861, Baudelaire veille à ce que Poulet-Malassis fasse imprimer *Les Fleurs du mal* d'une

---

* Il s'agit d'Armand (ou Amand) Gautier et non pas de Théophile Gautier.

façon irréprochable. Lorsqu'il prend connaissance du frontispice du recueil que Félix Bracquemond a gravé — un squelette arborescent entouré de fleurs —, il le trouve horrible et refuse de le voir paraître, au grand dam de son éditeur qui est très lié à l'artiste[*]. Il estime que la gravure n'a rien d'original et qu'elle pourrait s'adapter à n'importe quel livre. Son argument tient en ces quelques mots : « Toute littérature dérive du péché. » Au terme de nombreuses palabres, le projet en question est abandonné et Bracquemond exécute un nouveau frontispice : le portrait de Baudelaire à partir d'une photographie de Nadar.

Quoiqu'il se montre de la sorte toujours vétilleux, Baudelaire n'a guère de tonus. Des masses d'idées noires lui passent sans discontinuer par la tête, le rendent de plus en plus neurasthénique et sombre, et il se demande sérieusement si la mort ne devrait pas venir le délivrer de tous ses tracas, de tous ses terribles maux, de sa « longue misère ».

Ô Mort, vieux capitaine, il est temps ! levons l'ancre !
Ce pays nous ennuie, ô Mort ! Appareillons !
Si le ciel et la mer sont noirs comme de l'encre,
Nos cœurs que tu connais sont remplis de rayons !

Verse-vous ton poison pour qu'il nous réconforte !
Nous voulons, tant ce feu nous brûle le cerveau,
Plonger au fond du gouffre, Enfer ou Ciel, qu'importe ?
Au fond de l'Inconnu pour trouver du *nouveau*[3] !

---

[*] C'est lui qui a gravé en 1857 le frontispice des *Odes funambulesques* de Banville.

Mais s'il disparaissait, s'il se résignait au suicide, à l'*Inconnu*, qui pourrait soulager Jeanne, « cette vieille beauté transformée en infirme » dont il se sent douloureusement responsable ?

Ah oui, elle a un frère, Jeanne, un frère dont Baudelaire ignorait jusqu'alors l'existence et qui a fait soudain irruption au début du mois d'octobre, comme tombé du ciel !

Ce frère, peut-être, ferait un bon garde-malade… En tout cas, depuis qu'il a donné signe de vie, il a pris l'habitude de vivre chez sa sœur, dans l'appartement de Neuilly, rue Louis-Philippe.

Et c'est là que Baudelaire se fixe enfin à son tour, le 15 décembre 1860, quelques semaines après avoir effectué un nouveau séjour à Honfleur.

Le corps mis à nu

Se fixer à Neuilly ?

Baudelaire y songe bien, une fois revenu auprès de Jeanne. Ce qui pourtant le dérange, ce qui le perturbe même et finit par l'agacer fortement, c'est la présence incessante du frère. De huit heures du matin jusqu'à onze heures du soir, le bonhomme passe toutes ses journées dans la chambre de sa sœur et empêche ainsi Baudelaire d'avoir son intimité et de pouvoir converser avec sa *vieille maîtresse* — le seul, le rare plaisir qu'il éprouve encore lorsqu'il la retrouve.

Pas moyen de lui faire entendre raison. Pas moyen non plus de compter sur son aide financière. Il a de surcroît le culot, le rustre, de prétendre qu'il serait disposé à délier sa propre bourse si, de son côté, Baudelaire lui fournissait les mêmes garanties ! Pire : il a l'outrecuidance d'avouer qu'il vit chez sa sœur depuis une année entière et qu'il lui a *prêté* de l'argent !

Malade d'indignation, dégoûté, Baudelaire fuit la rue Louis-Philippe au bout de vingt-cinq jours de cohabitation douloureuse et reprend, en octobre 1861, une chambre à l'hôtel de Dieppe.

Consolation à quelques jours de là : la sortie de la seconde édition, à mille cinq cents exemplaires, des *Fleurs du mal*, moins de quatre ans après la première. En l'espèce, le livre rassemble cent vingt-neuf poèmes. Hormis les six fameux poèmes condamnés par les tribunaux, le 20 août 1857, il contient donc une trentaine de pièces nouvelles — des pièces qui ont précédemment été publiées ici et là en revues, que ce soit dans *L'Artiste* ou dans *La Revue contemporaine*. Et ces pièces ajoutées sont bel et bien d'autres confessions sulfureuses à travers lesquelles le poète apparaît de plus en plus dépendant à la drogue, de plus en plus hanté par la mort et de plus en plus conscient d'être à la merci de « l'obscur et de l'incertain ».

De ce ciel bizarre et livide,
Tourmenté comme ton destin,
Quels pensers dans ton âme vide
Descendent ? réponds, libertin.

— Insatiablement avide
De l'obscure et de l'incertain,
Je ne geindrai pas comme Ovide
Chassé du paradis latin.

Cieux déchirés comme des grèves,
En vous se mire mon orgueil ;
Vos vastes nuages en deuil

Sont les corbillards de mes rêves,
Et vos lueurs sont le reflet
De l'Enfer où mon cœur se plaît[1].

Dans cette seconde édition des *Fleurs du mal*, se remarque par ailleurs une section qui n'existait pas en 1857 et qui est intitulée *Tableaux parisiens*. Bien sûr, ce titre n'a pas du tout été choisi au hasard : Baudelaire est parisien et c'est dans l'envoûtement de sa ville natale, dans l'effervescence de la fourmillante « cité pleine de rêves » où il est né et où il tente de vivre, qu'il glane son inspiration, qu'il puise ses *illuminations* les plus fortes. C'est dans ses murs, dans ses entrailles, sur ses trottoirs, qu'il trouve ses fulgurantes métaphores, « trébuchant sur les mots comme sur des pavés, heurtant parfois des vers depuis longtemps rêvés[2] ».

Paris constitue également la matière principale des *Poèmes nocturnes* que Baudelaire appelle des « essais de poésie lyrique en prose » et qu'il a l'ambition de poursuivre puis de réunir en volume, une sorte de pendant aux *Tableaux parisiens*, ou plutôt de continuation sur un autre mode et un autre registre littéraire. Projet qu'il caresse en même temps que celui d'écrire un ouvrage analytique sur le dandysme dans les lettres, représenté à ses yeux par Chateaubriand, de Maistre, le fantasque marquis de Custine, l'auteur de *La Russie en 1839*, et Barbey d'Aurevilly. Mais représenté également par Paul Gaschon de Molènes, un romancier qui a son âge et dont il se demande s'il n'adapterait pas au théâtre (un grand drame en cinq actes) la nouvelle *Les Souffrances d'un houzard* extraite d'un recueil publié chez Michel Lévy, en 1853. Ce n'est pas tout : il rêve en outre de plusieurs romans et d'un grand livre où il *entasserait* toutes ses passions et toutes ses colères, à partir des multiples notes qu'il a prises et qui sont regroupées dans ses papiers sous la mention *Mon cœur mis à nu*. Et, à leurs côtés, dit-il dans un courrier à sa mère, les *Confessions* de Rousseau seraient bien pâles...

Autant de projets qu'il diffère, après avoir assisté, le 13 mars 1861, à la première représentation de *Tannhäuser* à l'Opéra impérial, montée en français après soixante-quinze répétitions au piano et quarante-cinq avec les chœurs et l'orchestre, et exécutée dans le plus grand chahut.

Subjugué, Baudelaire s'empresse de consacrer à l'œuvre de Wagner une longue étude fouillée qui l'accapare presque vingt-quatre heures sur vingt-quatre durant une semaine épuisante. Il la confie à *La Revue européenne* éditée par le libraire Édouard Dentu et plus proche du gouvernement que *La Revue contemporaine**. « Aucun musicien n'excelle, comme Wagner, à *peindre* l'espace et la profondeur, matériels et spirituels, écrit-il notamment. C'est une remarque que plusieurs esprits, et des meilleurs, n'ont pu s'empêcher de faire en plusieurs occasions. Il possède l'art de traduire, par des gradations subtiles, tout ce qu'il y a d'excessif, d'immense, d'ambitieux, dans l'homme spirituel et naturel. Il semble parfois, en écoutant cette musique ardente et despotique, qu'on retrouve peintes sur le fond des ténèbres, déchiré par la rêverie, les vertigineuses conceptions de l'opium[3]. »

---

* Cette étude, légèrement augmentée, est éditée peu de temps après en volume à l'enseigne de la librairie Dentu.

Mais s'il diffère ses projets de réunir ses poèmes parisiens en prose, d'écrire sur le dandysme et de s'atteler à ses confessions et à d'autres œuvres, c'est aussi parce qu'il constate de nouveau, sur lui et en lui, les avancées ravageuses de la syphilis — des taches sur la peau, des rhumatismes articulaires, des nausées, des défaillances, des inappétences, des cauchemars... Il repense au suicide, médite sur sa destinée, osant quand même croire qu'un « être extérieur et invisible » s'y intéresse. Dans son profond et terrible désespoir, il accable sa mère, lui reproche derechef d'avoir provoqué la dation de son conseil judiciaire. Il est convaincu que l'un des deux en arrivera à tuer l'autre ou qu'ils finiront, tôt ou tard, par se tuer « réciproquement ».

À moins, se dit-il, qu'elle ne soit la seule capable de le sauver, elle qui lui a procuré tant de « bon temps » dans sa jeunesse, qui a été une « idole » et une « camarade ».

Naturellement, l'argent qu'elle serait en mesure de lui faire remettre par l'intermédiaire de Narcisse Désiré Ancelle lui apporterait un peu de « béatitude »... Et pourquoi, réflexion faite, si « horrible » que soit cette idée, sa mère ne pourrait-elle pas devenir, elle, son « vrai conseil judiciaire » ?

Il est en pleine crise physique, intellectuelle et matérielle lorsqu'il apprend que Jeanne a été « abandonnée » à l'hôpital par son frère et qu'à son retour à Neuilly elle a découvert que ce dernier avait profité de son hospitalisation pour vendre une partie de son mobilier et de ses vêtements. Il est hors de question d'abandonner Jeanne. C'est impossible, impensable.

Visites distinguées

Maintenant qu'il a publié neuf livres et qu'il a sa signature dans de nombreux périodiques, tantôt grâce à ses poèmes, tantôt grâce à ses articles sur l'art, la littérature et la musique, Baudelaire, qui a quarante ans, se rend compte que sa situation littéraire n'est pas mauvaise. Ce qui n'est le cas ni de sa santé, ni de son « honorabilité » financière, absolument désastreuse.

Des gens désormais le saluent, d'autres lui font la cour, et d'autres encore l'envient, le jalousent et le fustigent. Au vrai, il peut faire à peu près ce qu'il veut et chacun de ses écrits sera imprimé, bien qu'il ait « un genre d'esprit impopulaire », un genre d'esprit en tout cas qui l'empêchera, il le sait, de gagner beaucoup d'argent.

La preuve : les notices sur certains de ses contemporains qu'il commence à donner, en juin 1861, à *La Revue fantaisiste* et qu'il espère voir un jour réunies en volume, selon l'accord qu'il a pris avec l'éditeur Eugène Crépet deux ans plus tôt. Qu'il parle de Victor Hugo, de Marceline Desbordes-Valmore, de Pétrus Borel, de Théophile

Gautier, de Gustave Le Vavasseur ou de Théodore de Banville, elles sont toutes très personnelles. Par exemple, Baudelaire considère que Banville est un « original de la nature la plus courageuse », pour la seule et unique raison qu'à ses yeux tout l'art moderne a une tendance « essentiellement démoniaque » et qu'on vit en ce milieu du XIXe siècle « en pleine atmosphère satanique ».

Non, sa situation littéraire n'est pas mauvaise, et elle l'est d'autant moins que de nombreux écrivains de renom, Victor Hugo et Théophile Gautier notamment, reconnaissent la qualité de sa poésie et l'extrême pertinence de ses textes critiques. Surtout, Baudelaire mobilise autour de ses *Fleurs du mal* des auteurs plus jeunes que lui, comme Auguste Villiers de L'Isle-Adam (né en 1838), le romancier Léon Cladel (né en 1835) et le poète et comédien ambulant Albert Glatigny, qui a fait paraître en 1857, à l'âge de dix-huit ans, un remarquable recueil, *Les Vierges folles*. Ou encore Catulle Mendès (né, lui, en 1841), fondateur en 1860 de *La Revue fantaisiste*, et un des défenseurs les plus acharnés de la musique de Wagner et du wagnérisme.

Dans ces circonstances, Baudelaire se demande s'il ne devrait pas poser sa candidature à l'Académie française, le seul honneur, pense-t-il, qu'un véritable écrivain peut solliciter sans rougir. Lorsqu'il soulève la question dans son entourage, ses amis sont pour la plupart embarrassés et ne savent trop s'il est sérieux ou s'il ne cherche pas, une fois de plus, à faire de la provocation.

Encore qu'ils aient appris de longue date à connaître ses constantes et multiples sautes d'humeur, au gré de ses caprices, le poète un jour vomissant la sinistre morale bourgeoise et la rigidité des pouvoirs publics, un autre défendant les traditions ancestrales et l'ordre ; un jour proférant des litanies d'anathèmes, un autre se révélant plus catholique que le pape ; un jour glorifiant l'idéal féminin, un autre vouant toutes les créatures féminines aux gémonies.

Les plus perspicaces, en revanche, ne sont guère surpris, Baudelaire leur ayant toujours apparu comme un écrivain classique, amoureux du classicisme, même quand il est allé jusqu'à bousculer les règles habituelles de la versification et quand il écrit des poèmes en prose, un peu comme s'il déplaçait le lyrisme, le lyrisme pur, d'une forme littéraire vers une autre. Et puis un dandy n'est-il pas par définition un classique et un conformiste ? Si ce n'est un réactionnaire ?

Quoi qu'il en soit, le 11 décembre, Baudelaire écrit une lettre à Abel Villemain, secrétaire perpétuel de l'Académie française :

J'ai l'honneur de vous instruire que je désire être inscrit parmi les candidats qui se présentent pour l'un des deux fauteuils vacants* à l'Académie française, et je vous prie de vouloir faire part à vos collègues de mes intentions à cet égard.

Il est possible qu'à des yeux trop indulgents, je puisse montrer quelques titres : permettez-moi de vous rappeler *un livre de poésie* qui a fait plus de bruit qu'il ne voulait ; *une traduc-*

---

* Ceux de Scribe et de Lacordaire.

tion qui a popularisé en France un grand poète inconnu, *une étude* sévère et minutieuse sur les jouissances et les dangers contenus dans les *Excitants* ; enfin un grand nombre de *brochures et d'articles* sur les principaux artistes et les hommes de lettres de mon temps.

[...] Pour dire toute la vérité, la principale considération qui me pousse à solliciter déjà vos suffrages est que, si je me déterminais à ne les solliciter que quand *je m'en sentirai digne*, je ne les solliciterais *jamais*. Je me suis dit qu'après tout il valait peut-être mieux commencer tout de suite ; si mon nom est connu de quelques-uns parmi vous, peut-être mon audace sera-t-elle prise en bonne part, et quelques voix, *miraculeusement* obtenues, seront considérées par moi comme un généreux encouragement et un ordre de mieux faire[1].

À peine cette lettre est-elle envoyée que Baudelaire entame, comme le veut l'usage, sa campagne académique et incite ses plus proches amis, Asselineau et Flaubert en particulier, à plaider sa cause partout où ils le peuvent.

Il se rend chez Lamartine qui l'accueille plutôt bien, puis chez Villemain qui le reçoit avec hauteur, ensuite chez quelques autres académiciens, comme Jules Sandeau, le professeur de la Sorbonne Saint-Marc Girardin ou le poète, dramaturge et homme politique Jean Viennet. Lequel ne manque pas de lui faire la leçon en ces termes : « Il n'y a que cinq genres, monsieur, la tragédie, la comédie, la poésie épique, la satire… et la poésie fugitive qui comprend la fable *où j'excelle*[2] ! »

Mais la visite qui l'impressionne le plus, c'est celle qu'il rend à Alfred de Vigny. En 1861, Vigny a soixante-quatre ans et toutes les œuvres importantes qui ont établi sa gloire littéraire ont déjà été publiées depuis de nombreuses années, *Cinq-Mars*, *Chatterton*, *Stello* ou *Servitude et grandeur militaires*. Bien qu'il soit souffrant, il s'entretient chez lui avec Baudelaire durant trois heures. Il le laisse à la fois étourdi et admiratif et le conforte dans l'idée qu'« un vaste talent implique toujours une grande bonté et une exquise indulgence[3] ».

Mise au courant de la candidature de Baudelaire, la presse s'en donne à cœur joie, souvent pour des raisons étrangères à la littérature. *La Revue anecdotique* insinue ainsi que le postulant « jette des sorts dans les compagnies où il fréquente et fait périr les revues où il passe », tandis que *Le Figaro* le traite de poète « nerveux » et juge que ses truculences de langage sentent d'une lieue l'abattoir, avant de signaler qu'il convient de lire *Les Fleurs du mal* d'une main et se boucher le nez de l'autre. De son côté, *Le Tintamarre* annonce que Baudelaire a participé à la loterie « humoristique » organisée par le directeur de la rédaction et qu'il a gagné le gros lot : un laissez-passer pour l'Académie.

La Chronique parisienne, elle, se demande dans quelle section académique il faudrait ranger Baudelaire puisqu'il est question de créer des classes, sur le modèle de l'Institut et selon les aptitudes de chaque membre. Ni à la section de grammaire, ni à la section de roman, ni à la section d'éloquence, ni à la section de théâtre... Peut-être, tout simplement, à la section des cadavres. Et ailleurs on prétend que le « farouche » Baudelaire se nourrit de *karrick* à l'indienne et boit des vins pimentés dans un crâne de tigresse. Ce qui, sous la Coupole, endroit réputé respectable, serait, estime-t-on, fort incongru.

En janvier 1862, Sainte-Beuve évoque dans *Le Constitutionnel* les prochaines élections à l'Académie française où, depuis 1844, il a lui-même succédé à Casimir Delavigne. Tout son texte tourne autour de Baudelaire qui s'est porté candidat. Il y parle ainsi de *la folie Baudelaire*, un être qui s'est bâti, « à l'extrémité d'une langue de terre réputée inhabitable » un « kiosque bizarre, fort orné, fort tourmenté, mais coquet et mystérieux ». On y lit, note-t-il, du Poe, on s'y enivre avec du hachich, on y prend de l'opium et mille drogues abominables. Ces « ragoûts et ces raffinements » pourraient-ils constituer des « titres » pour une éventuelle élection ? Puis il conclut, sur un ton plus amène :

Ce qui est certain, c'est que M. Baudelaire gagne à être vu, que là où l'on s'attendait à voir entrer un homme étrange, excentrique, on se trouve en présence d'un candidat poli, respectueux, exemplaire, d'un gentil garçon, fin de langage et tout à fait classique dans les formes[4].

Baudelaire réagit aussitôt et remercie Sainte-Beuve dans une lettre d'avoir mis bon ordre à toutes les incroyables rumeurs qui courent sur son compte. Dont celle qui le fait passer pour un « loup-garou » et un « rébarbatif ». Et celle aussi qui lui vaut auprès des femmes la désagréable réputation d'avoir une laideur « répulsive », d'être toujours ivre et de... sentir mauvais.

Quelques semaines se passent puis, sur les conseils *autorisés* de Sainte-Beuve, il informe Villemain qu'il retire sa candidature. Tant et si bien que, le 20 février 1862, la vénérable Académie élit au fauteuil de Lacordaire le duc Albert de Broglie.

L'année des misères

Baudelaire ne le nie pas : avoir dû retirer sa candidature à l'Académie française est une énorme déconvenue, quasiment un déshonneur. Mais voilà qu'il découvre contre toute attente quelque chose qui le bouleverse davantage et qui l'abasourdit : Jeanne, Jeanne dont il essaie de s'occuper en dépit de ses maigres rentrées, Jeanne n'a pas de frère et elle n'en a jamais eu ! Et le malotru qu'elle a réussi à faire passer pour tel n'est en vérité ni plus ni moins qu'un de ses anciens amants !

C'est comme une trahison. Comme une immonde perfidie. Devant laquelle pourtant Baudelaire ne peut opposer que son écœurement et sa fureur.

Puis bientôt, et une fois encore, son pardon.

Pour bien montrer à Jeanne qu'il est le pardon même, il veille à lui faire voir du monde et, quand il le peut, l'emmène avec lui, malgré qu'elle soit infirme, dans des cafés et des restaurants où il a ses habitudes. L'un d'entre eux est la rôtisserie Pavard, rue Notre-Dame-de-Lorette, un établissement que fréquentait le malheureux Henri Murger jusqu'à sa mort brutale, en 1861, et où se retrouvent souvent Jules Barbey d'Aurevilly, Charles Asselineau et Édouard Manet.

Entre ce dernier qui a la trentaine et le poète, le contact est franc et cordial. Il n'est d'ailleurs pas rare que Baudelaire aille rejoindre le peintre aux Tuileries et le regarde travailler à ses toiles d'après nature, toujours élégamment vêtu, agile, l'œil pétillant, aussi à l'aise sous les arbres et en plein air que s'il était chez lui. Il n'est pas rare non plus qu'il se rende à son atelier.

Un jour, alors que Baudelaire y est précisément venu en compagnie de Jeanne, Manet profite de l'occasion pour la peindre dans sa gigantesque crinoline blanche, les traits décharnés, vieillie, affreuse, à moitié étendue, la main droite reposant sur le dossier d'un grand sofa*... Comme pour lui donner le change, Baudelaire croque Jeanne sur un morceau de papier en quelques rapides coups de crayon.

L'Académie qui ne veut pas de lui, Jeanne qui lui ment et le mystifie, sa santé qui est alarmante, les dettes qu'il n'arrive pas à éponger, Mme Aupick qui garde ses sous — ce début d'année 1862 est décidément lugubre pour Baudelaire. Sans compter qu'en février disparaît l'ami Paul Gaschon de Molènes. Et en avril, c'est Claude-Alphonse, son frère consanguin, qui succombe à son tour à l'âge de cinquante-sept ans, des suites d'une hémorragie

* Ce tableau de Manet est exposé au musée de Budapest.

cérébrale... Il y a deux décennies que leurs routes se sont séparées et qu'ils ne se sont plus vus mais voilà tout de même une mauvaise nouvelle de plus...

Le remède face à l'adversité ?

Écrire, ne faire qu'écrire. Et écrire dans des domaines qu'il maîtrise, au lieu de croire qu'il serait capable de mener à bien des romans et des drames.

Après avoir lu la première partie des *Misérables* de Victor Hugo publiés en dix volumes presque simultanément à Paris et à Bruxelles, Baudelaire en donne un large compte rendu dans *Le Boulevard*, journal créé l'année précédente par le caricaturiste et photographe Étienne Carjat. Il considère le roman comme « un livre de charité, c'est-à-dire un livre fait pour exciter, pour provoquer l'esprit de charité », un livre posant des cas de « complexité sociale » à la conscience du lecteur et constituant « un étourdissant rappel à l'ordre d'une société amoureuse d'elle-même et trop peu soucieuse de l'immortelle loi de la fraternité ». Dans sa conclusion, il ne peut pas s'empêcher de reparler du Péché Originel, écrivant ces deux mots avec des capitales, allusion directe à Joseph de Maistre, l'homme qui, à l'instar d'Edgar Allan Poe, lui a appris à *raisonner* et auquel il est plus que jamais fidèle.

Mais c'est un article de complaisance. Car Baudelaire n'a pas du tout aimé *Les Misérables*, c'est même là, ainsi qu'il l'écrit noir sur blanc dans une lettre à sa mère, un livre « immonde et inepte ». Et il n'envisage nullement d'en lire la seconde partie, bien que Victor Hugo lui ait adressé une aimable lettre de remerciement et l'ait incité à demi-mot à rédiger un nouvel article.

Monsieur,

Écrire une grande page, cela vous est naturel, les choses élevées et fortes sortent de votre esprit comme les étincelles jaillissent du foyer et *Les Misérables* ont été pour vous l'occasion d'une étude profonde et haute.

Je vous remercie. J'ai déjà plus d'une fois constaté avec bonheur les affinités de votre poésie avec la mienne ; tous, nous gravitons autour de ce grand soleil : l'*Idéal*.

J'espère que vous continuerez ce beau travail sur ce livre et sur toutes les questions que j'ai tâché de résoudre, ou tout au moins, de poser. C'est l'honneur des poètes de servir de la lumière et de la vie dans la coupe sacrée de l'art. Vous le faites et je l'essaye. Nous nous dévouons, vous et moi, au progrès par la Vérité.

Je vous serre la main[1].

Cette lettre datée du 24 avril, Baudelaire la juge « ridicule », la preuve qu'un « grand homme peut être un sot ». Le monde des littérateurs et des artistes, ce monde qu'il a connu « charmant et aimable », est du reste devenu « abject » à ses yeux. Il a le sentiment de vivre dans une époque de décadence et de n'avoir plus aucune sorte d'affinité avec ses contemporains, excepté Barbey d'Aurevilly, Flaubert et le respectable Sainte-Beuve. Excepté également Gautier qui est le seul, reconnaît-il, à le comprendre quand il parle de peinture. Il n'y a qu'une solution : fuir la « face humaine », quitte à se réfugier dans un monastère, à Solesmes par exemple à propos duquel le *disciple* Villiers de L'Isle-Adam lui a glissé deux ou trois mots. Mais fuir surtout la « face française ».

Dans *Le Boulevard* toujours, il fait paraître en septembre une courte étude qu'il intitule *Peintres et aquafortistes*, en réalité la deuxième mouture d'un article paru anonymement en avril dans *La Revue anecdotique*. Les artistes dont il y fait l'éloge s'appellent Manet, Méryon, Legros, Jongkind et Whistler, un jeune Américain dont il a vu à la galerie Martinet des eaux-fortes représentant les bords de la Tamise, « merveilleux fouillis d'agrès, de vergues, de cordages ; chaos de brumes, de fourneaux et de fumées tirebouchonnées ; poésie profonde et compliquée d'une vaste capitale[2] ».

Et l'année 1862 s'achève comme elle avait débuté : par l'annonce d'un énième malheur. Cette fois, la victime est Auguste Poulet-Malassis. Contraint d'interrompre ses paiements, l'éditeur est déclaré en déconfiture, tant sa trésorerie est précaire et tant il doit de l'argent. À ses auteurs, à d'autres libraires, à des fabricants de papier comme Canson-Montgolfier ou les papeteries du Marais, à des imprimeurs... Et tout cela après avoir publié, parmi deux cents autres titres, une nouvelle édition d'*Émaux et camées*, *Les Fleurs du mal* à deux reprises, *Les Paradis artificiels*, *La Double Vie*, des œuvres de Leconte de Lisle, de Barbey d'Aurevilly, de Champfleury et quelques-uns des grands recueils poétiques de Banville dont, au mois de septembre, *Les Améthystes*, des odelettes amoureuses en hommage à Marie Daubrun, à ses « cheveux d'or », sa « lèvre rose » et son « sein de neige ».

Dans son journal, Étienne Carjat crie au « désastre immérité » puisque cette faillite touche aussi

des écrivains que « tout le monde lit et applau-
dit ».

Cela ne change rien : Poulet-Malassis est arrêté
et incarcéré à la prison de Clichy. Avant d'être
transféré, en décembre 1862, à la maison d'arrêt
des Madelonnettes, rue des Fontaines-du-Temple
à Paris.

La course aux éditeurs

Auguste Poulet-Malassis en prison, Baudelaire réalise que la publication de plusieurs de ses œuvres sur lesquelles l'éditeur alençonnais s'était engagé est fortement compromise. Il lui faut donc rediscuter, se mettre en rapport avec d'autres libraires, repartir de zéro, presque comme s'il était un auteur débutant.

En premier lieu, il se tourne vers Michel Lévy. Ces derniers temps, les relations qu'il a eues avec lui n'ont pas toujours été au beau fixe, mais elles n'en sont pas pour autant exécrables. Les trois volumes de traduction de Poe — *Histoires extraordinaires*, *Nouvelles histoires extraordinaires* et *Aventures d'Arthur Gordon Pym* — se sont bien vendus et laissent présager que les deux suivants, *Eurêka* et *Histoires grotesques et sérieuses*, marcheront bien, eux aussi. Cependant, Michel Lévy a d'autres soucis, d'autres projets. Il envisage de quitter la rue Vivienne et d'aller ouvrir une officine dans le quartier de l'Opéra. De plus, il est très accaparé par le succès inespéré de *La Vie de Jésus* d'Ernest Renan et par la mise en vente de *Salammbô* de Gustave Flaubert, ainsi que par celle des essais et des *Poésies* de Sainte-Beuve, une édition que celui-ci voudrait « finale et testamentaire ».

N'obtenant pas de réponse, Baudelaire s'adresse alors à Pierre-Jules Hetzel que tout le monde appelle P.-J. Hetzel ou Hetzel tout court. Installé depuis 1860 rue Jacob, Hetzel a la cinquantaine et deux bonnes décennies d'expérience dans l'édition. Il nourrit également de nombreux projets et a publié en 1862 le premier titre d'une série baptisée *Voyages extraordinaires* et sur laquelle il mise beaucoup : *Cinq semaines en ballon* de Jules Verne, un auteur nantais connu jusque-là pour ses livrets d'opérette.

Dans son riche catalogue, il y a aussi *Les Contemplations* et *La Légende des siècles* de Victor Hugo, *La Guerre et la Paix* de Proudhon, les *Contes* de Perrault illustrés par Gustave Doré, ou encore *Madame Thérèse ou les Volontaires de 92* des écrivains lorrains Émile Erckmann et Alexandre Chatrian. Hetzel est lui-même auteur sous le pseudonyme de P.-J. Sthal, spécialiste de la littérature destinée à la jeunesse et de brochures sur les pratiques de l'édition dont une, parue en 1854, ayant trait aux contrefaçons et aux dispositions à prendre pour les abolir.

Baudelaire et Hetzel s'entendent rapidement sur trois ouvrages : une troisième édition augmentée des *Fleurs du mal*, un volume de poèmes en prose et un volume autobiographique qui pourrait s'intituler *Mon cœur mis à nu*, chacun de ces trois ouvrages devant être tiré à deux mille exemplaires, soit cinq cents de plus que ce que prévoit le contrat le liant à Poulet-Malassis. Dans ses pourparlers avec Hetzel, Baudelaire évoque également un recueil de nouvelles qu'il se dit prêt à écrire et à livrer au bout de quelques mois. Il songe qu'il pourrait y travailler dans le calme de la petite maison de sa mère, à Honfleur.

Cet accord, pourtant, n'aboutit pas. Non seulement parce que Baudelaire ne se hâte pas de finaliser ces divers projets, mais aussi parce que la faillite de Poulet-Malassis entraîne la dispersion irrémédiable de son fonds. Sans trop chercher, n'importe qui peut à présent mettre la main sur la seconde édition des *Fleurs du mal* et *Les Paradis artificiels* pour un franc, et sur la plaquette dévolue à Théophile Gautier pour à peine cinquante centimes. Le 22 avril 1863, l'infortuné Poulet-Malassis voit sa peine de prison confirmée par la 8e Chambre du tribunal correctionnel de Paris. Motif : banqueroute frauduleuse.

Ce qui freine aussi Baudelaire, c'est Mme Aupick. Du moins ne l'encourage-t-elle pas à rédiger *Mon cœur mis à nu* (qui n'existe cependant qu'à l'état de notes), de peur que l'ouvrage, bourré de ressentiment, de rancœur, de considérations personnelles unilatérales et de jugements à l'emporte-pièce, ne lui vaille de graves ennuis. À quoi bon tout déballer ? Pourquoi entretenir davantage encore la réputation de *loup-garou* ? Pourquoi ce « besoin de vengeance » ? Et pourquoi en vouloir à la France entière et la prendre « en horreur » ?

Est-ce que sa situation serait plus confortable s'il s'installait à l'étranger ?

Baudelaire le croit. Il pense en particulier à la Belgique et à Bruxelles où se trouvent Lacroix et Verboeckhoven, les éditeurs des *Misérables*, et où il aimerait donner quelques conférences. D'après ce que lui en a dit Arthur Stevens, un marchand de tableaux belge se trouvant souvent à Paris pour ses affaires et dont les deux frères, Alfred et Joseph, sont peintres, les conférenciers y sont plutôt bien payés et emplissent les salles. De plus, le quotidien *L'Indépendance belge* serait à la recherche de quelques plumes incisives...

Baudelaire est tracassé par l'idée de faire en Belgique une « excursion » de plusieurs semaines lorsque lui parvient la nouvelle de la mort de Delacroix, survenue le 13 août, dans sa soixante-cinquième année. Le grand peintre romantique l'a tellement marqué, tellement imprégné, qu'il se sent un impérieux devoir de lui consacrer tout de suite une étude approfondie. Il la propose à *L'Opinion nationale* qui la publie en trois livraisons, les 2 septembre, 14 et 22 novembre 1863.

Étant donné qu'il a déjà abondamment écrit sur les œuvres de l'artiste qu'il admire et qu'il vénère, Baudelaire n'a pas peur ni de se citer, ni de reproduire ici et là des passages de son *Salon de 1859*. Toutefois, pour faire bonne mesure, il s'attache également à évoquer l'homme Delacroix, un peu comme s'il avait été son confident, comme s'il lui revenait de plein droit d'en défendre la mémoire — de mettre en avant ce « curieux mélange de scepticisme, de politesse, de dandysme, de volonté ardente, de ruse, de despotisme, et enfin d'une espèce de bonté particulière et de tendresse modérée qui accompagne toujours le génie ».

Il y avait dans Eugène Delacroix beaucoup du *sauvage* ; c'était là la plus précieuse partie de son âme, la partie vouée tout entière à la peinture de ses rêves et au culte de son art. Il y avait en lui beaucoup de l'homme du monde ; cette partie-là était destinée à voiler la première et à la faire pardonner. Ç'a été, je crois, une des grandes préoccupations de sa vie, de dissimuler les colères de son cœur et de n'avoir pas l'air d'un homme de génie. Son esprit de domination, esprit bien légitime, fatal d'ailleurs, avait presque entièrement disparu sous mille gentillesses. On eût dit un cratère de volcan artistement caché par des bouquets de fleurs[1].

Il ne passe pas non plus sous silence les écrits de Delacroix qu'il résume en une formule lapidaire qui lui est propre et qui le fait d'emblée reconnaître de tous ses contemporains : « Autant il était sûr d'*écrire* ce qu'il pensait sur une toile, autant il était préoccupé de ne pouvoir *peindre* sa pensée sur le papier. »

En novembre, Baudelaire parvient enfin à un accord avec Michel Lévy, non pas sur ses œuvres poétiques et critiques, mais sur ses traductions de Poe. Il lui en cède « la propriété peine et entière » pour la somme forfaitaire de deux mille francs, alors que Michel Lévy est en train de préparer la toute prochaine publication d'*Eurêka*.

Cette somme, bien entendu, ne peut que le soulager. Et sans nul doute venir à point nommé pour effectuer une *excursion* en Belgique. Il n'arrête plus d'y songer, et d'autant plus sérieusement que Poulet-Malassis, après avoir été libéré, s'est fixé depuis un mois à Bruxelles et a décidé d'y bâtir une nouvelle maison d'édition.

Toutes les stupidités du siècle

Aller à Bruxelles. C'est devenu, chez Baudelaire, une idée fixe, le sujet de toutes ses conversations, le leitmotiv de l'essentiel de sa correspondance. Mais cela ne l'obsède pas au point de l'empêcher d'écrire. Il continue de travailler régulièrement à ses poèmes en prose, en publie plusieurs dans *La Revue nationale et étrangère* que dirige l'éditeur Gervais Charpentier, et entreprend, quelques semaines après la mort de Delacroix, sur la base d'un brouillon et de notes détaillées rédigés dès 1859, une longue étude sur Constantin Guys.

Ou plutôt une longue étude sur C.G., Baudelaire ne mentionnant ici l'artiste que par ses seules initiales.

La raison ?

Respecter le souhait de Constantin Guys qui fuit comme la peste toute forme de publicité, qui déteste qu'on parle de lui et qui n'accorde aucun prix à ses œuvres. À telle enseigne qu'il ne les signe et ne les date qu'en de très rares occasions. À telle enseigne même qu'il est allé jusqu'à vendre au musée Carnavalet trois cents de ses dessins, et parmi les plus beaux et les plus représentatifs, pour une somme ridicule. Et qu'il en a offert un jour des dizaines et des dizaines à Nadar, simplement parce que le photographe s'était extasié devant quelques-uns d'entre eux.

L'étude, intitulée *Le Peintre de la vie moderne*, paraît les 26 et 29 novembre et le 3 décembre 1863 dans *Le Figaro*, c'est-à-dire le journal qui a été à l'origine des poursuites judiciaires entamées contre *Les Fleurs du mal*. Divisée en treize chapitres, elle constitue à la fois un traité d'esthétique, dans l'esprit du *Salon de 1859*, et une vibrante apologie de Constantin Guys, un homme qui « va », qui « court », qui « cherche ».

Et que cherche-t-il ? se demande Baudelaire. « Il cherche, répond-il, ce quelque chose qu'on nous permettra d'appeler la *modernité*. » Ce nouveau terme, il le définit de la sorte : « dégager de la mode ce qu'elle peut contenir de poétique dans l'historique, [...] tirer l'éternel du transitoire ». Et justement Constantin Guys lui apparaît comme un créateur qui, loin de proposer une vision triviale et réaliste, transfigure le réel et exprime, à travers ses dessins et ses lavis d'encre ou d'aquarelle, « la beauté passagère, fugace, de la vie moderne » — des œuvres appelées à devenir tôt ou tard des « archives précieuses de la vie civilisée ». Du point de vue de Baudelaire, il ne fait aucun doute que Constantin Guys traduit de la sorte l'extraordinaire idéal du dandy. Lequel dandy, il est vrai, peut être un homme « blasé » ou un homme « souffrant », mais n'est jamais un homme « vulgaire ». Car qu'est-ce que le dandysme sinon une fusion du spiritualisme et du stoïcisme, sinon « le dernier éclat d'héroïsme dans les décadences » ?

Deux mois après la publication du *Peintre de la vie moderne*, *Le Figaro*, de toute évidence désormais conquis par le talent de Baudelaire, fait paraître quatre de ses poèmes en prose, sous le titre général *Spleen de Paris*. Le journal annonce que d'autres écrits similaires du même auteur seront bientôt publiés et, de fait, la semaine suivante, en date du 14 février 1864, il en donne encore deux. Puis plus rien. Et comme Baudelaire s'inquiète de savoir ce qu'il en est, on lui répond que ses poèmes « ennuyaient tout le monde ». Il n'en faut pas plus pour qu'il fulmine, dénonce, dégoûté, la niaiserie des milieux littéraires français et le conforte dans l'idée de partir le plus vite possible en Belgique.

Et pourquoi pas avec Berthe, une femme sans grâce, sans charme, qu'il vient de rencontrer au bal public et dont il s'est épris ?

Se pourrait-il qu'à quarante-trois ans il ait rencontré le grand amour ?

Se pourrait-il que cette femme l'arrache à jamais aux bouges et aux maisons mal famées ?

Tandis qu'il prépare son voyage et, par l'intermédiaire d'Alfred Stevens, noue divers contacts préparatoires à Bruxelles, il reçoit une lettre-circulaire des amis de Victor Hugo dans laquelle on lui demande de participer à un grand banquet pour la célébration du tricentenaire de la naissance de Shakespeare. On lui fait savoir que l'auteur des

Contemplations, quoique demeurant à Guernesey, sera le président d'honneur de la manifestation.

Baudelaire avertit aussitôt les organisateurs qu'il ne pourra pas y assister. Contraint, dit-il, d'aller ce jour-là à Bruxelles. Il ne s'agit cependant que d'un prétexte ; en réalité, il n'est pas content que Victor Hugo n'ait pas daigné intercéder en sa faveur auprès des éditeurs des *Misérables*. Du moins, à sa connaissance, ni Albert Lacroix ni Hippolyte-Louis Verboeckhoven ne se sont encore manifestés...

Aussi prend-il sa plume et écrit-il au rédacteur en chef du *Figaro* pour dénoncer l'*énormité*, l'*hypocrisie*, la *cocasserie* que constitue cette célébration et pour constater avec peine que jusqu'à présent on ne s'est guère inquiété en France de fêter l'anniversaire de la naissance de Chateaubriand ou de Balzac. D'après lui, « le vrai but de ce grand jubilé » consiste à « préparer et chauffer le succès » du livre sur Shakespeare que Victor Hugo est sur le point de publier chez Lacroix et Verboeckhoven, un livre « plein de beautés et de bêtises » qui « va peut-être encore désoler ses plus sincères admirateurs ».

Il se voit mal dans une assemblée où l'on portera des toasts à Jean Valjean, à l'abolition de la peine de mort, à la *Fraternité universelle*, à la diffusion des lumières, au « *vrai* Jésus-Christ *législateur des chrétiens* », à Ernest Renan, bref à « toutes les stupidités propres à ce dix-neuvième siècle » au sein duquel il a « le fatigant bonheur de vivre », où chacun est « privé du droit naturel de *choisir ses frères* » et où il n'y aura pas de « belles épaules, de beaux bras, de beaux visages et de brillantes toilettes[1] », puisque les femmes, elles, sont exclues de la fête.

Dans son numéro du 14 avril, *Le Figaro* insère cette lettre ouverte de Baudelaire, sans toutefois la faire précéder ni la faire suivre d'une quelconque signature. Et pour cause : Baudelaire y parle, à un moment donné, de son propre cas, à la troisième personne. Il signale qu'il est connu grâce à son goût pour la littérature anglo-saxonne, mais qu'il est un auteur dédaigné, aussi bien par « messieurs les factotums de la littérature démocratique » que par « cette cohue de petits jeunes » si « occupée de faire ses affaires » qu'elle ignore que « tel vieux bonhomme, à qui elle doit beaucoup, n'est pas encore mort ».

Et puis, le 24 avril, il prend le train pour Bruxelles.

Un cycle de conférences

Baudelaire descend à l'hôtel du Grand-Miroir, rue de la Montagne, une des artères les plus anciennes et les plus importantes de la capitale belge, dans ce qu'on appelle communément la ville basse, par opposition à la ville haute. La rue abrite l'Hôtel de la Poste aux lettres, un petit édifice où les bureaux de distribution et d'affranchissement sont disposés autour d'une salle circulaire. Elle abrite aussi la jolie chapelle Sainte-Anne qui a été vandalisée durant la Révolution française et n'a été rendue au culte qu'en 1814. En face, se dresse l'auberge des Quatre-Seaux sur la façade de laquelle est inscrit un chronogramme en latin, comme sur la plupart des vieux bâtiments bruxellois chargés d'histoire. Ce chronogramme rappelle qu'en 1563 un éléphant a été pour la toute première fois amené à Bruxelles et que son valeureux cornac a séjourné ici, après avoir été solennellement reçu par Marguerite de Parme[*].

Pour sa part, quoique son aspect extérieur soit

---

[*] BrabantInI VIDerUnt eLephanteM (les Brabançons virent un éléphant).

dénué d'éclat, l'hôtel du Grand-Miroir se flatte de dater de 1286 et d'avoir accueilli en 1419 Marguerite de Bourgogne et sa fille, Jacqueline de Bavière, la femme de Jean IV, duc de Brabant. C'est une adresse connue — et elle est d'autant plus réputée que la rue de la Montagne, en pente ainsi que son nom l'indique, a longtemps formé une section de la grand-route fort empruntée traversant Bruxelles du nord au sud et reliant précisément la ville basse à la ville haute. Elle propose aux voyageurs une cinquantaine de chambres plutôt confortables et des repas trois fois par jour mais sans obligation, lesquels repas peuvent être servis soit dans la chambre, soit à une table d'hôte, au rez-de-chaussée.

Dès son arrivée à l'hôtel du Grand-Miroir, Baudelaire est logé au deuxième étage, à l'arrière de l'immeuble d'où, par chance, on n'entend pas le vacarme de la rue. De la fenêtre, on distingue la grande verrière des galeries Saint-Hubert dont la construction a été achevée en 1847 et qui mesurent deux cent quinze mètres de long. Il est rempli d'émotion à l'idée d'aller découvrir cet élégant passage. Puis de se rendre à la Grand-Place qu'on nomme aussi la place de l'Hôtel-de-Ville et où s'élèvent, outre l'édifice en question, sans conteste le joyau architectural de Bruxelles, la Maison du Roi (autrefois une halle au pain) et les anciennes maisons des corporations, toutes rebâties au XVIIIe siècle, après le bombardement de 1695 commandé par le duc de Villeroi, sous les ordres de Louis XIV.

Si Baudelaire est si ému, c'est parce que, au fond, il n'a aucune expérience des déplacements à l'étranger, son seul périple en dehors de la France ayant été, à l'âge de vingt ans, son voyage forcé en bateau jusqu'à l'île Bourbon. En cela, il ne ressemble pas du tout aux écrivains de la génération romantique, presque tous attirés par les voyages, dans le glorieux sillage de Chateaubriand. Pas plus qu'il ne ressemble aux écrivains qui sont nés comme lui autour des années 1820, tels que Gustave Flaubert, Maxime Du Camp ou Nadar. Du reste, il n'a pas davantage l'expérience des déplacements en France, à l'exception de ses brèves incursions à Châteauroux et à Dijon, en 1848 et en 1849, et de ses quelques récentes *retraites*, via Le Havre, à Honfleur.

Bien vite, après deux ou trois jours, Bruxelles lui apparaît comme une ville composite dans laquelle les styles se mélangent et où les richesses côtoient la « camelote ». Il y discerne des « incongruités architecturales » et des contrefaçons, constate que des églises ont parfois l'air « de boutiques de curiosités », s'étonne de découvrir, dans des odeurs de savon noir, des rues dénuées de vie, des pots gigantesques et des statues sur les toits des maisons et beaucoup de balcons mais sans jamais « personne au balcon »...

Baudelaire, toutefois, n'est pas venu en Belgique pour effectuer des balades d'agrément mais pour donner une série de conférences au Cercle artistique et littéraire. Ce groupement a pour but de « constituer un centre de réunion pour les amis des arts et des lettres et les notabilités artistiques, littéraires et scientifiques du pays et de l'étranger ». Après avoir connu une époque brillante de 1850 à 1855, il a quelque peu ronronné par la suite, mais, au dire d'Arthur Stevens, il aurait depuis une année ou deux repris de la vigueur et, en particulier, les conférences organisées par ses soins rencontreraient de nouveau une belle et large audience. Il a son siège à l'étage de la Maison du Roi, sur la Grand-Place, où il dispose d'un cabinet de lecture pourvu des meilleurs journaux et revues, et où il met périodiquement sur pied diverses expositions de peinture. Et c'est là que le poète est attendu, le 2 mai 1864. Thème de sa première causerie : Eugène Delacroix « comme peintre et comme homme ».

Le succès est au rendez-vous. Baudelaire s'en réjouit, mais il regrette beaucoup qu'Albert Lacroix et Eugène Verboeckhoven ne soient pas venus l'écouter.

Car il n'y a pas que le projet des conférences bruxelloises qui l'a poussé à quitter Paris, il y a également celui de parlementer avec les éditeurs des *Misérables* et de tenter de leur vendre à bon prix deux ou trois volumes d'articles critiques. Il pense au formidable succès de ce livre qui a enrichi les deux associés et au fait qu'ils n'ont pas hésité à verser à Victor Hugo, lors du dépôt de son manuscrit, cent vingt-cinq mille francs en or anglais. Une somme absolument colossale qui ne peut que faire rêver.

Le 11 mai, Baudelaire donne au Cercle artistique et littéraire une deuxième conférence, cette fois sur Théophile Gautier qui, dès 1836, a visité la Belgique, en compagnie de Gérard de Nerval, et en a fait, selon son habitude, une minutieuse relation. Hélas, n'y assistent qu'une vingtaine de personnes, et encore… Parmi elles, un jeune écrivain belge de vingt ans, Camille Lemonnier, ébloui, subjugué, ayant l'impression d'écouter la vibrante homélie d'un homme d'Église, d'un évêque énonçant un mandement avec une onction quasi évangélique.

Au bout d'une heure, l'indigence du public se raréfia encore, le vide autour du magicien du Verbe jugea possible de se vider davantage ; il ne resta plus que deux banquettes. Elles s'éclaircirent à leur tour ; quelques dos s'éboulaient de somnolence et d'incompréhension. Peut-être ceux qui restaient s'étaient-ils émus d'un penser secourable ; peut-être ils demeuraient comme un passant accompagne dans le champ funèbre un solitaire corbillard. Peut-être aussi c'étaient des huissiers et les messieurs de la Commission retenus à leur poste par un devoir cérémonieux[1*].

La déconvenue est telle que les responsables du Cercle n'offrent à Baudelaire qu'un modeste cachet. À peine cinquante francs pour cette causerie et la précédente, alors qu'il en espérait quatre fois plus. Et comme il tient coûte que coûte à ce qu'on parle de lui et que Lacroix et Verboeckhoven — ou, au moins, Lacroix tout seul — viennent l'entendre, il accepte de donner gratuitement trois autres conférences.

* Camille Lemonnier a écrit son texte de nombreuses années après avoir assisté à la conférence.

Dix jours plus tard a lieu la troisième sur Thomas De Quincey et les paradis artificiels, suivie la semaine d'après des deux autres, toujours sur le même thème. Et chaque fois devant une assistance des plus maigres et sans que Lacroix ni son associé, pourtant dûment invités, y fassent leur apparition, malgré des annonces dans les principaux journaux libéraux comme *L'Indépendance belge*, *L'Étoile belge* et *L'Écho de Bruxelles*. Pas un mot, en revanche, dans la presse de droite, les activités du Cercle étant d'ordinaire assez mal vues des milieux catholiques.

N'empêche ! Baudelaire, au comble de l'indignation, s'invente un tout nouveau mal : la belgophobie.

Gens et choses de Belgique

Ce qui envenime et accroît encore la belgophobie qui ronge Baudelaire, c'est qu'une ultime conférence donnée le 13 juin 1864, rue Neuve, chez un riche agent de change, Prosper Crabbé, tourne elle aussi au fiasco. Dix personnes à peine, dont la moitié invitée par le maître du logis, dans trois énormes salons illuminés de lustres, de candélabres, décorés de superbes tableaux, avec une absurde profusion de gâteaux et de vins...

Circonstance aggravante : à quelques jours de là, Lacroix et Verboeckhoven refusent de s'intéresser aux trois recueils de critiques que Baudelaire est venu leur proposer. Peut-être ont-ils été mis au courant qu'il est le véritable auteur de l'article anonyme du *Figaro* paru en avril dernier et consacré au livre de Victor Hugo sur Shakespeare...

Dès lors, la Belgique lui devient odieuse. Presque immédiatement, il décide d'exprimer sa haine du pays et de sa population dans un ouvrage hostile. Il note huit titres de travail, quatre pour le pays, quatre pour Bruxelles : *La Grotesque Belgique*, *La Vraie Belgique*, *La Belgique toute nue*, *La*

Belgique déshabillée, Une capitale pour rire, Une grotesque capitale, La Capitale des Singes et *Une capitale de Singes*.

Et il se déchaîne.

Contre tout ce qui est belge. Contre les gens qui sont « bêtes, menteurs et voleurs », qui sont des « tas de canailles », qui éclatent de rire sans motif, qui s'amusent en bande, qui marchent de travers et n'ont aucune souplesse dans leurs pas, qui sont présomptueux, qui méprisent les hommes célèbres et qui, dans l'échelle des êtres, ont leur place « entre le Singe et le Mollusque ».

Contre l'absence de coquetterie et de pudeur des femmes, toutes avec de gros pieds, de gros bras, de grosses gorges et de gros mollets. Contre la cuisine belge pleine de sel, « dégoûtante et élémentaire ». Contre les kermesses de rues et la barbarie des divertissements des enfants. Contre l'enseignement public et l'aversion générale de la littérature.

Contre les conversations et les locutions idiotes des Belges (par exemple l'emploi du verbe *savoir* pour *pouvoir*). Contre cette stupide affectation qu'ils ont d'*engueuler* leurs domestiques en flamand. Contre leur impiété et leur irréligion. Contre leur « prêtrophobie » et leur culte de la Libre Pensée. Contre leurs mœurs électorales et les corruptions politiques qu'elles provoquent. Contre leur souverain, l'avare et médiocre Léopold, « misérable petit principicule allemand », un roi constitutionnel devenu un « automate en hôtel garni ». Contre l'armée où « on n'avance guère que par le suicide ».

Contre les beaux-arts qui se sont retirés du pays, à supposer qu'ils y aient jamais été présents puisque même Rubens, représentant de l'emphase, est un « goujat habillé de satin » et une « fontaine de banalité ». Contre la façon dont on parle de peinture.

La manière dont les Belges discutent la valeur des tableaux. Le chiffre, toujours le chiffre. Cela dure trois heures. Quand pendant trois heures, ils ont cité des prix de vente, ils croient qu'ils ont disserté peinture.

Et puis, il faut cacher les tableaux, pour leur donner de la valeur. L'œil use les tableaux.

Tout le monde ici est marchand de tableaux.

À Anvers, quiconque n'est bon à rien fait de la peinture.

Toujours de la petite peinture. Mépris de la grande[1].

Quelques très rares artistes échappent toutefois à la condamnation systématique de Baudelaire. Notamment Henri Leys qui, peintre de l'histoire à l'instar de Delacroix, a illustré les fastes de la Belgique et exprime bien à travers ses portraits un certain mystère des âmes, le débutant Alfred Verwée, dont les premières œuvres ont été exposées en 1863, ainsi que les frères Stevens, Joseph plus qu'Alfred, chez qui il apprécie néanmoins l'harmonie des tons.

Verwée et les Stevens, ou encore leur ami, le photographe Charles Neyt, il les rencontre d'habitude dans l'étroite rue Villa-Hermosa, tout près de la place Royale, à la taverne du Prince-de-Galles, où se retrouve une petite cour d'admirateurs déférents et où, le temps de quelques palabres arrosées de joyeuses libations, à grand renfort de faro et de genièvre, il peut oublier ses détestations et ses emportements contre les Singes.

Mais l'artiste belge qui lui plaît le plus est Félicien Rops. Ce Namurois de vingt-neuf ans a commencé sa carrière par des caricatures, sous l'influence à la fois de Daumier et de Gavarni, avant de se mettre à l'eau-forte et, depuis 1862, de traiter de préférence des sujets érotiques, si ce n'est scabreux, avec énormément d'audace, de gouaillerie, d'imagination et d'humour. Baudelaire l'a connu à Paris par l'intermédiaire d'Auguste Poulet-Malassis et a tout de suite été frappé par la verve de ses dessins, la truculence avec laquelle il croque ses personnages, des notables entre autres, et par son sens aigu du macabre — ce sens qu'il possède également et dont rendent compte de nombreux poèmes des *Fleurs du mal*. Aussi n'est-il pas mécontent de revoir Félicien Rops à Bruxelles, à l'occasion de l'un ou l'autre dîner, et de l'accompagner quelquefois à Namur, une petite ville au style « jésuitique » qui lui fait une bien meilleure impression que Bruxelles.

Mais qu'est-ce qui le retient en Belgique, alors qu'il y est si insatisfait et si malheureux ?

Sûrement le besoin de se documenter sur certaines villes qu'il n'a pas encore visitées (Bruges, Gand, Malines, Liège...), étant donné qu'il s'est attaché à l'idée d'écrire un livre sur le pays. Une certaine gêne de rentrer en France bredouille et sans doute la peur de devoir affronter ses créanciers. Sa mauvaise santé aussi : des diarrhées continuelles, des palpitations cardiaques, des aigreurs d'estomac, des insomnies, des accès de fièvre…

Au début du mois de septembre, il apprend que Nadar doit venir à Bruxelles afin d'effectuer une ascension en ballon au-dessus de la ville — sa nouvelle grande marotte après la photographie —, dans le cadre du trente-quatrième anniversaire de l'indépendance belge. Du coup, il envisage de repartir à Paris avec lui, une fois les festivités terminées.

L'événement est grandiose. Le 26 septembre 1864, une foule gigantesque se presse derrière des barrières qu'on a spécialement fabriquées pour la circonstance. Les gens ne se lassent pas d'admirer le ballon de Nadar baptisé le Géant, en attendant qu'il monte dans les airs, en présence du roi et sous les yeux de Baudelaire qui a été invité par son ami à prendre place dans la nacelle mais qui, froussard, a décliné son offre. Peu avant six heures du soir, l'aérostat est lâché. Et ce n'est que vers minuit qu'il retombe sur le sol, entre Ypres et la mer du Nord.

Le 29, Nadar convie Baudelaire à un banquet d'adieu à l'hôtel des Étrangers, rue du Fossé-aux-Loups, où se dresse l'église des Augustins, la seule église de Bruxelles à ne pas avoir de clocher. Il y a là les deux fils de Victor Hugo, François et Charles, Léon Bérardi, le directeur de *L'Indépendance belge*, Jules Anspach, le tout nouveau bourgmestre de Bruxelles, Georges Barral, le jeune aide du photographe aéronaute… Et ces agapes se terminent en *voluptueuse* compagnie.

Le lendemain, Nadar et Barral rentrent à Paris, mais Baudelaire n'est pas du voyage.

Le poids de l'ennui

Les jours passent, puis les semaines, l'année 1864 va s'achever et Baudelaire est de plus en plus démuni. Il doit trois mois de pension à l'hôtel du Grand-Miroir et ne voit pas trop comment il pourrait les payer ni faire face à toutes les dépenses que lui impose son séjour en Belgique. Il a tout juste de quoi se nourrir, tout juste de quoi affranchir les lettres qu'il continue d'adresser à divers correspondants en France. Parmi eux, il y a Mme Aupick qui n'est pas, elle non plus, en bonne santé, ainsi qu'un agent littéraire parisien, Julien Lemer, qu'il a connu en 1846, au Divan Le Peletier, et qu'il a chargé de négocier pour lui la cession à un éditeur de certains de ses livres.

Et il y a l'incontournable Narcisse Désiré Ancelle, la seule personne qui soit légalement tenue de lui procurer des fonds. Une fois encore, Baudelaire le supplie de lui en faire parvenir. Il lui assure que, dès qu'il recevra l'argent, il réglera toutes ses dettes contractées en Belgique et qu'il sera de retour à Paris à la mi-décembre. Promis. Juré.

Ancelle lui envoie les sommes réclamées, mais

Baudelaire se soustrait à son engagement. Conscient d'avoir eu une attitude incorrecte, il lui envoie un mot d'*explication*.

Au dernier moment, au moment de partir, — malgré tout le désir que j'éprouve de revoir ma mère, malgré le profond ennui où je vis, ennui plus grand que celui que me causait la bêtise française et dont je *souffrais* tant depuis plusieurs années, — *une terreur m'a pris*, — *une peur de chien*, l'horreur de revoir mon enfer — de traverser Paris sans être certain d'y faire une large distribution d'argent, qui m'assurât un véritable repos à Honfleur. Alors j'ai écrit des lettres à des journaux et à des amis de Paris, et à la personne que j'y ai chargée de mes affaires présentes, c'est-à-dire de la vente de quatre volumes, ceux même que j'étais venu *si credulously* offrir à cet infâme Lacroix[1].

Oui, il s'ennuie atrocement, terriblement, en Belgique et ceux qui sont susceptibles de le distraire se comptent sur les doigts de la main : les Stevens, Félicien Rops, Auguste Poulet-Malassis... Après avoir logé un moment rue du Midi à Bruxelles, celui-ci s'est installé, au sud-ouest de la capitale, dans la toute proche et tranquille commune d'Ixelles, rue Mercelis. Il édite des livres érotiques et déliquescents, plusieurs à tirage restreint avec des frontispices licencieux de Rops, de telle sorte que la maison qu'il occupe est le foyer de constantes allées et venues qui ne plaisent guère aux habitants du quartier. D'aucuns aimeraient en aviser la police... Baudelaire va dîner chez Poulet-Malassis deux ou trois fois par semaine et accepte de menus travaux d'édition, dans l'espoir qu'ils lui apporteront un petit salaire.

À partir de février 1865, il est aussi quelquefois reçu à la table de Mme Victor Hugo dont l'auguste mari est toujours sur son rocher d'exil, à Guernesey, et qui habite alors rue de l'Astronomie. Il y est plutôt bien reçu, Sainte-Beuve ayant dit de lui le plus grand bien, et cette compagnie le touche, même si la vieille dame lui paraît parfois bête et si ses deux fils, François et Charles, lui tapent souvent sur les nerfs. Surtout quand ils égrènent, presque en chœur, leurs idées humanitaires et discutent avec gravité d'éducation internationale.

Dans ce royaume belge qu'il abhorre et qui engendre l'ennui, Baudelaire n'a pas en réalité le cœur à l'ouvrage. Il écrit peu — l'un ou l'autre poème en prose pour son futur recueil *Le Spleen de Paris* où il aimerait réunir une bonne centaine de textes (mais il n'en a composé jusqu'ici qu'une cinquantaine), et à peine deux traductions de Poe (*Le Système du docteur Goudron et du professeur Plume* et *Le Cottage Landor),* alors que Michel Lévy a mis en vente, au mois de mars, le cinquième livre de l'écrivain américain, *Histoires grotesques et sérieuses.*

Il rédige aussi d'autres notes pour son livre sur la Belgique qu'il projette à présent d'appeler *Pauvre Belgique* et pour lequel il accumule des monceaux de coupures de presse... C'est d'ailleurs à ces coupures qu'il passe le plus de temps dans sa chambre d'hôtel. Il les classe, les margine, souligne avec soin des passages qui lui semblent dignes d'intérêt : des discours politiques, des chroniques judiciaires, des comptes rendus critiques, des rubriques d'actualité dont un grand nombre sur la Libre Pensée, thème qui le préoccupe beaucoup...

Au début du mois de juillet, Baudelaire tombe de haut : Poulet-Malassis, lui-même acculé à de gros problèmes matériels, lui réclame soudain le paiement d'une ancienne créance relative aux *Fleurs du mal* et le menace, à défaut d'une prompte exécution, de céder son contrat à un autre éditeur, en l'occurrence un de ses anciens commis, René Pincebourde.

Affolé à l'idée que cet homme qu'il ne supporte pas pourrait avoir la mainmise totale sur son œuvre, Baudelaire prend aussitôt le train pour Paris. Une fois sur place, il s'installe dans une chambre d'hôtel proche de la gare du Nord. Dans les jours qui suivent son arrivée, il rend visite à Ancelle puis va à Honfleur voir sa mère. Il l'informe de sa situation calamiteuse et n'éprouve aucune peine à lui arracher deux mille francs, mais Poulet-Malassis en exigeait cinq mille...

De retour à Paris, il loge rue de Douai chez Catulle Mendès à qui il fait l'effet, comme sur Camille Lemonnier à Bruxelles, d'un évêque revêtu d'« exquis habits de laïque », l'air hautain, « presque effrayant à cause de son attitude vaguement effrayée ». Il a un entretien avec Julien Lemer qui poursuit ses négociations avec des éditeurs, sans grand résultat, et retrouve ensuite Théodore de Banville, Charles Asselineau, Édouard Manet, Théophile Gautier...

Tous l'adjurent de ne pas rester en Belgique. Ils ne conçoivent pas cette « manie » de s'éterniser dans un pays où l'on souffre et qu'on exècre. Ils se demandent ce qui peut bien le retenir, l'attacher, l'enchaîner tellement à ce jeune royaume où la vie culturelle n'est pas florissante, où les rares écrivains sont négligeables et où, de toute façon, depuis qu'il s'y est établi, il n'a jamais publié que quelques lignes. Ce sont *Les Bons Chiens*, un poème en prose dédié à Joseph Stevens et publié en juin 1865 dans le quotidien *L'Indépendance belge*.

Serait-ce le vicieux plaisir de dire qu'il s'y ennuie et qu'il tire de l'ennui même un ravissement pervers ?

Et si la vraie raison était précisément cette peur, cette peur de chien de vivre à Paris, de ne pas y être le personnage *glorieux* qu'il a toujours rêvé de devenir ?

Cette peur, de surcroît, de montrer à tous ses familiers le triste spectacle de sa déchéance physique ?

Puisqu'il faut souffrir, puisqu'il faut sans cesse recourir à toutes les sortes de drogues, à la digitale, à la quinine, à la belladone, puisque les crises ne cessent plus de se succéder, autant aller se cacher, se terrer, et attendre son trépas dans l'ombre, loin des siens et de ses camarades...

Indifférent à leur étonnement, insensible à leurs paroles, Baudelaire rentre à Bruxelles, le 15 juillet, et reprend sa chambre à l'hôtel du Grand-Miroir.

Un « mort parmi les morts »

Le 10 décembre 1865, la Belgique perd son souverain, Léopold de Saxe-Cobourg-Gotha, né en Allemagne en 1790, roi des Belges depuis le vote du Congrès national, le 4 juin 1831.

Ce décès préoccupe un moment Baudelaire qui découpe dans les journaux tous les articles où il en est question et compose une épitaphe fielleuse ainsi que deux brefs poèmes dont le premier traduit bien l'aversion qu'il a toujours ressentie à l'endroit du personnage.

Le grand juge de paix d'Europe
A donc dévissé son billard !
(Je vous expliquerai ce trope.)
Ce Roi n'était pas un fuyard
Comme notre Louis-Philippe.
Il pensait, l'obstiné vieillard,
Qu'il n'était jamais assez tard
Pour *casser* son ignoble *pipe*[1].

Évidemment, ce n'est pas là une poésie de haut vol. En tout cas, ces vers n'ont pas grand-chose à voir avec ceux des *Fleurs du mal* que découvrent, après Auguste Villiers de L'Isle-Adam, Albert Glatigny, Léon Cladel et Catulle Mendès, d'autres jeunes auteurs. En particulier un certain Stéphane Mallarmé qui est âgé de vingt-trois ans et encense Baudelaire dans un article de *L'Artiste*, et un certain Paul Verlaine qui est âgé, lui, de vingt et un ans et dont l'éloge est publié dans *L'Art*, un nouvel hebdomadaire parisien. Tout se passe comme si ces auteurs-là se détournaient du « grand poète » qu'est Victor Hugo et des autres principaux poètes de la féconde époque romantique pour suivre les voies tracées par Baudelaire et s'inspirer de ses écrits.

Ces marques d'enthousiasme et d'admiration presque aveugle font pourtant peur à Baudelaire. Il aimerait surtout que ses œuvres soient disponibles en librairie et qu'elles soient lues par un maximum de lecteurs. Et comme il finit par se rendre compte que Julien Lemer est un piètre négociateur, il demande à Narcisse Désiré Ancelle de bien vouloir lui servir d'agent à Paris. Il lui communique d'ailleurs une liste précise des éditeurs qui pourraient convenir, chaque nom avec un très bref commentaire : Lévy à qui il a déjà proposé tous ses livres et qu'il taxe volontiers de monstre, Hachette « grande et solide maison », Faure un très « bon choix », Amyot « bon, mais un pis-aller », Didier *idem* et Dentu. Lequel, dit-il, devrait être sans doute séduit par le projet de *La Belgique déshabillée*, le but de ce livre satirique étant « la raillerie de tout ce qu'on appelle *progrès* » et qu'il appelle, pour sa part, « le paganisme des imbéciles[2] ».

Quinze jours après avoir ainsi sollicité le notaire de la famille, il se rend de nouveau à Namur et visite l'église Saint-Loup en compagnie de Poulet-Malassis et de Rops. Avec ses douze colonnes doriques massives de marbre rouge, ses plaques de marbre noir revêtant les murs du chœur et la voûte en berceau couverte de sculptures, cette église, construite au XVIIe dans le style propre aux jésuites, fait partie des monuments belges qu'il apprécie le plus. Piquante curiosité : on y voit encore le trou qu'y a fait un boulet, lors du siège de la ville, en 1692.

Tout à coup, Baudelaire est pris d'étourdissements. Quelques heures plus tard, alors qu'il a du mal à remuer les membres, il est ramené à l'hôtel du Grand-Miroir à Bruxelles où il reste deux jours entiers sur le dos, sans bouger, incapable de prononcer une phrase cohérente. Le Dr Oscar Max, auquel Baudelaire a déjà eu recours, arrive rapidement et constate un commencement de paralysie au côté droit.

Un des premiers à apprendre la nouvelle à Paris est Ancelle. Toujours pointilleux et juste, d'une honnêteté inamovible, il se hâte de venir à Bruxelles ; il a pris de l'argent avec lui, en prévision des soins qu'il faudrait donner à Baudelaire. De leur côté, Asselineau et Sainte-Beuve consultent chacun leur propre médecin pour savoir quels conseils il serait utile de lui transmettre. Et Mme Victor

Hugo, avertie également, exige que son docteur personnel se précipite au chevet du poète.

Bien qu'il puisse encore dicter quelques lettres, l'aphasie l'a frappé si rapidement qu'on doit le transporter le 3 avril 1866 à l'institut Saint-Jean-et-Sainte-Élisabeth, dirigé par les sœurs hospitalières, rue des Cendres, à proximité du Jardin botanique. Sur sa fiche de réception, les sœurs notent que le malade est âgé de quarante-cinq ans, qu'il exerce la profession d'homme de lettres et qu'il souffre d'apoplexie.

Des amis viennent chaque jour le voir, aux heures réservées aux visites : les frères Stevens, Charles Neyt qui est un des derniers à avoir pris récemment des photographies de lui, Poulet-Malassis, Rops...

Et puis voilà que Mme Aupick, qui a soixante-treize ans, arrive à son tour, escortée par sa fidèle servante. Les deux femmes s'installent à l'hôtel du Grand-Miroir où Baudelaire est bientôt ramené et où il continue de recevoir ses amis les plus proches. S'il n'a plus l'usage de la parole, s'il est maintenant à moitié paralysé, il conserve toutefois une partie de ses facultés mentales. Il comprend ce qui se passe, ce qui lui arrive. Il reconnaît les voix et les visages. Il a la force d'effectuer des promenades en voiture dans les environs de Bruxelles, à Uccle qui est une bourgade populeuse ou en bordure de la forêt de Soignes.

Il a même encore la possibilité de manifester sa joie, une vraie joie d'enfant, quand, à la fin du mois d'avril, Poulet-Malassis vient lui présenter

Les Épaves. Cette plaquette, tirée à deux cent soixante exemplaires à l'enseigne fictive du Coq et ornée d'un frontispice de Rops, contient vingt-trois pièces : *Le Coucher du soleil romantique* en guise d'introduction, les six poèmes condamnés des *Fleurs du mal* et quatre sections intitulées respectivement *Galanteries*, *Épigraphes*, *Pièces diverses* et *Bouffonneries*. L'ensemble a quelque chose d'inégal, mais ce n'est pas ce qui pourrait nuire à la réputation de Baudelaire.

Comme elle constate que la santé de son fils s'améliore légèrement, Mme Aupick décide de l'emmener à Honfleur, dans cette *maison-bijou* où il a écrit quelques-unes de ses meilleures pages. Toujours lucide, Baudelaire rappelle qu'il a quelques affaires en cours en Belgique et qu'il serait bon de les régler avant de rentrer en France : récupérer une montre à laquelle il tient, déposée au mont-de-piété ; aller chercher des poèmes qui se trouvent entre les mains d'un copiste, et régler ici et là des petites ardoises dans des estaminets bruxellois.

Le 29 juin, accompagné par sa mère, Baudelaire débarque du train à la gare du Nord à Paris, soutenu par Arthur Stevens et s'appuyant péniblement sur une canne, la chevelure blanchie, les traits décharnés. Dans ses bagages se trouvent ses livres et ses précieux manuscrits. Il réside deux jours à l'hôtel avant d'être transporté, rue du Dôme, proche de l'Arc de Triomphe, à la maison de santé du Dr Émile Duval, un spécialiste notoire de la médecine hydrothérapique.

À l'initiative d'Asselineau, de nombreux écrivains signent une pétition afin que le ministre de l'Instruction publique, Victor Duruy, accorde une pension « en rapport avec le prix des soins » que réclame d'urgence l'état de santé de Baudelaire. Une faveur, précise le texte, qui serait d'ailleurs bien justifiée par « les travaux d'un écrivain qui a révélé à la France le plus beau génie littéraire du Nouveau Monde et qui depuis vingt ans concourt à la rédaction des Revues et des Journaux les plus importants ». Parmi les signataires, trois *illustres* académiciens : Jules Sandeau, Prosper Mérimée et l'*éternel* Sainte-Beuve. En octobre, la subvention est octroyée.

Dorénavant, Baudelaire est cloué au lit, tandis que Mme Aupick, ne pouvant plus rien pour son fils, regagne sa maison normande. Les amis, les amis indéfectibles comme Nadar, Banville, Champfleury et Asselineau, se succèdent dans sa chambre et tentent d'égayer ses tristes jours. Apollonie Sabatier, la Présidente, vient également souvent le voir et reste de longues heures auprès de lui.

Quant à Jeanne...

Personne ne sait où elle est, personne dans l'entourage du poète ne l'a vue ni de près ni de loin, ni à Paris ni ailleurs, depuis un an et demi au moins.

Le temps s'écoule, inexorable, impitoyable, farouche, sinistre, effrayant, et déjà Baudelaire ne réagit plus que par deux ou trois mots, que par des « crénom » formulés d'une voix tremblante, puis

par des monosyllabes et d'imperceptibles mouve-
ments des paupières et des lèvres.

Sa mère a accouru de sa *maison-bijou*. Elle ne
lui lâche plus la main, elle le couve, assise sur sa
chaise de garde-malade éplorée, elle lui parle parfois du bout des lèvres, elle ânonne, elle évoque de
vagues et lointains souvenirs, elle attend en silence
que passent les anges.

Le vendredi 30 d'août 1867, elle fait venir un
prêtre et lui demande pieusement d'administrer
l'extrême-onction à son fils. Et elle prie. Elle prie
Dieu et ses saints, les mains jointes, le regard humide.

Le lendemain matin, vers onze heures, quand
Baudelaire meurt entre ses bras et qu'elle lui ferme
les yeux à jamais, elle ne sait toujours pas qu'elle
a mis au monde, quarante-six ans et quatre mois
plus tôt, un des grands magiciens de la littérature.

ANNEXES

1821. *9 avril* : naissance de Charles Baudelaire, 13 rue Haute-feuille, à Paris.

1827. *10 février* : mort de Joseph-François Baudelaire, le père de Charles.

1828. *8 novembre* : la mère de Charles, Caroline Dufaÿs (née en 1793), épouse en secondes noces Jacques Aupick (né en 1789), chef de bataillon.

1832. Les Aupick et Baudelaire vont habiter Lyon.

1836. *1er mars* : Baudelaire entre au collège Louis-le-Grand à Paris.

1839. *18 avril* : il est renvoyé du collège pour indiscipline.

1840. Fait la connaissance de jeunes poètes (entre autres Gustave Le Vavasseur et Ernest Prarond). A une liaison avec une prostituée appelée Sara et surnommée la Louchette.

1841. Effectue un long périple en Afrique. Séjourne à l'île Maurice et à l'île Bourbon (la Réunion) où il tombe sous le charme de Mme Autard de Bragard qui lui inspire un de ses premiers grands poèmes.

1842. De retour en France, Baudelaire, majeur, prend possession de la fortune qui lui revient de son père. S'éprend de Jeanne Duval, une actrice mulâtresse qu'il a rencontrée grâce à Nadar. Fait la connaissance de Théophile Gautier et de Théodore de Banville.

1843. Baudelaire s'installe au luxueux hôtel Pimodan, sur l'île Saint-Louis. C'est là que se tient le Club des hachichins auquel il participe. Il y rencontre notamment Apollonie Sabatier, plus tard surnommée la Présidente.

1844. *21 septembre* : Narcisse Désiré Ancelle, notaire à Neuilly, est désigné conseil judiciaire de Baudelaire par le tribunal civil de Paris. La mesure est prise à la demande de Mme Aupick qui voit son fils vivre sur un (trop) grand pied et dilapider sa fortune.

1845. Baudelaire publie son premier livre : *Salon de 1845*. Il y célèbre avec force Eugène Delacroix.

1846. Commence à collaborer à toute une série de journaux et de revues. Publie *Salon de 1846* chez Michel Lévy, qui a le même âge que lui. Fait la connaissance de Charles Asselineau, qui devient un de ses plus fidèles amis et qui lui fait découvrir l'œuvre d'Edgar Allan Poe.

1847. Baudelaire publie en revue *La Fanfarlo*, sa seule nouvelle. Liaison avec l'actrice Marie Daubrun.

1848. *22, 23 et 24 février* : il est sur les barricades. Participe, très excité, à la rédaction du *Salut public* avec Champfleury puis est secrétaire de rédaction de *La Tribune nationale*. *15 juillet* : publie en revue la première de ses traductions de Poe, *Révélation magnétique*.

1851. Plusieurs poèmes des futures *Fleurs du mal* paraissent en revue. À ce moment-là, Baudelaire envisage de les regrouper et de les faire paraître sous le titre *Les Limbes*.

1852. Adresse anonymement à Mme Sabatier un premier poème, *À celle qui est trop gaie* (une demi-douzaine d'autres suivront). Publie dans *La Revue de Paris* une étude détaillée sur Poe.

1855. Compte intituler *Les Fleurs du mal* le recueil de poèmes auquel il travaille depuis près de dix ans. Amitié avec Jules Barbey d'Aurevilly.

1856. Michel Lévy édite les *Histoires extraordinaires* de Poe dans la traduction de Baudelaire. Celui-ci se sépare (provisoirement) de Jeanne Duval.

1857. *20 avril* : Jacques Aupick meurt. Sa veuve, la mère de Baudelaire, se retire à Honfleur. *25 juin* : les éditeurs Auguste Poulet-Malassis et Eugène De Broise mettent en vente *Les Fleurs du mal*. *20 août* : le tribunal correctionnel condamne le poète et ses éditeurs à des amendes et ordonne la suppression de six poèmes des *Fleurs du mal*. Baudelaire publie ici et là ses premiers poèmes en prose et une étude sur

Madame Bovary de Gustave Flaubert, né lui aussi en 1821. La Présidente se donne à lui.

1858. Michel Lévy édite les *Aventures d'Arthur Gordon Pym* de Poe dans la traduction de Baudelaire.

1859. Baudelaire effectue plusieurs séjours à Honfleur chez sa mère. Jeanne Duval, avec laquelle il renoue (de nouveau provisoirement), tombe gravement malade.

1860. Publication des *Paradis artificiels* chez Poulet-Malassis. Son état de santé commence à devenir inquiétant.

1861. Une deuxième édition « expurgée » des *Fleurs du mal* voit le jour. *Décembre* : Baudelaire pose sa candidature à l'Académie française.

1862. Rédige diverses notices sur des poètes (dont Victor Hugo et Théophile Gautier).

1863. Se rend à Bruxelles pour y donner des conférences. Espère traiter avec les éditeurs des *Misérables* de Victor Hugo.

1864. Dégoûté par Bruxelles, la Belgique et les Belges, il accumule des notes destinées à un pamphlet dont un des titres de travail est *Pauvre Belgique*. Prend parallèlement des notes pour un ouvrage autobiographique (*Mon cœur mis à nu*). Les premiers poèmes du *Spleen de Paris* paraissent dans *Le Figaro*.

1865. Baudelaire est la proie de graves troubles chroniques (vertiges, nausées, névralgies) et tente de se soigner tant bien que mal à l'opium et à la quinine.

1866. *15 mars* : il est frappé d'hémiplégie à Namur. Mme Aupick accourt en Belgique et essaie de porter secours à son fils. En juillet, elle le ramène à Paris et le fait hospitaliser dans une maison de santé, rue du Dôme.

1867. *31 août* : Baudelaire meurt, vers onze heures du matin.

Mme Aupick décède à Honfleur, le 16 août 1871. Elle est enterrée au cimetière Montparnasse, à Paris, dans la même tombe que celle où reposent son mari et son fils.

ÉDITIONS ORIGINALES EN VOLUMES

Salon de 1845, Paris, Labitte, 1845.

Salon de 1846, Paris, Lévy, 1846.

Philosophie de l'ameublement, traduction d'Edgar Allan Poe, Alençon, Poulet-Malassis, 1854. (Plaquette tirée en très petit nombre.)

Histoires extraordinaires, traduction d'Edgar Allan Poe, Paris, Lévy, 1856.

Nouvelles histoires extraordinaires, traduction d'Edgar Allan Poe, Paris, Lévy, 1857.

Les Fleurs du mal, Paris, Poulet-Malassis et De Broise, 1857.

Aventures d'Arthur Gordon Pym, traduction d'Edgar Allan Poe, Paris, Lévy, 1858.

Théophile Gautier, Paris, Poulet-Malassis et De Broise, 1859.

Les Paradis artificiels, Paris, Poulet-Malassis et De Broise, 1860.

Richard Wagner et Tannhäuser à Paris, Paris, Dentu, 1861.

Eurêka, traduction d'Edgar Allan Poe, Paris, Lévy, 1864.

Histoires grotesques et sérieuses, traduction d'Edgar Allan Poe, Paris, Lévy, 1865.

Les Épaves, [Bruxelles], Poulet-Malassis, 1866.

ÉDITIONS ORIGINALES POSTHUMES

Curiosités esthétiques, Paris, Lévy, 1868. Il s'agit là du tome 2 des *Œuvres* dites *complètes*. L'ensemble de ces *Œuvres* compte 7 volumes.

L'Art romantique, Paris, Lévy, 1868. Le livre forme le tome 3 des *Œuvres* dites *complètes*.

Petits poèmes en prose (*Le Spleen de Paris*), Paris, Lévy, 1869. Le livre forme le tome 4 des *Œuvres* dites *complètes*.

Souvenirs, correspondances, bibliographie, suivis de pièces inédites, Paris, Pincebourde, 1872.

Œuvres posthumes et correspondances inédites, Paris, Quantin, 1887.

Lettres : 1841-1866, Paris, Mercure de France, 1906.

Mon cœur mis à nu, Paris, Blaizot, 1909.

Journaux intimes (*Fusées, Mon cœur mis à nu*), Paris, Crès, 1920.

Amoenitates belgicae, Paris, Montel, 1930.

ÉDITIONS MODERNES

Œuvres complètes, Gallimard, coll. Bibliothèque de la Pléiade, 2 tomes, 1975 et 1976, 2000.

Correspondance, Gallimard, coll. Bibliothèque de la Pléiade, 2 tomes, 1973. Retirage revu et complété en 1993 (tome 1) et 1999 (tome 2).

Correspondance, choix et présentation de Claude Pichois et Jérôme Thélot, Gallimard, Folio Classique, 2000.

ESSAIS

Les ouvrages consacrés à la vie et à l'œuvre de Charles Baudelaire sont considérables. On n'a retenu ici que ceux qui ont été consultés pour la présente biographie et qui ont directement trait à l'auteur.

ASSELINEAU, Charles, *Charles Baudelaire, sa vie et son œuvre*, Paris, Lemerre, 1869 et Cognac, Le Temps qu'il fait, 1990.

AVICE, Jean-Paul, et PICHOIS, Claude, *Baudelaire. L'ivresse des images*, Textuel, coll. Passion, 2003.

BANDY, W.T., et PICHOIS, Claude, *Baudelaire devant ses contemporains*, Monaco, Éditions du Rocher, 1957, Klincksieck, 1996.

BENJAMIN, Walter, *Baudelaire*, Petite Bibliothèque Payot, 1990, 2002.

BERNARD, Émile, *Charles Baudelaire critique d'art*, Bruxelles, Éditions de La Nouvelle Revue Belgique, s. d. [1945].

BUTOR, Michel, *Histoire extraordinaire. Essai sur un rêve de Baudelaire*, Gallimard, 1961, 1988.

CASTEX, Pierre-Georges, *Baudelaire critique d'art*, Sedes, 1969.

COLLECTIF, *Baudelaire*, Hachette, coll. Génies et Réalités, 1961.

COLLECTIF, *Baudelaire et son rayonnement*, La Table Ronde, 1967, n° 232.

COLLECTIF, *Journées Baudelaire, actes du colloque*, Bruxelles, Académie royale de langue et de littérature françaises de Belgique, 1968.

COLLECTIF, *Études baudelairiennes*, deux volumes, Neuchâtel, À La Baconnière, 1971 et 1973.

CRÉPET, Eugène, *Baudelaire*, Paris, Messein, 1906.

DUFAY, Pierre, *Autour de Baudelaire*, Paris, Au Cabinet du Livre, 1931.

FUMET, Stanislas, *Notre Baudelaire*, Plon, 1926.

GALAND, René, *Baudelaire, poétiques et poésie*, Nizet, 1969.

HAMELIN, Jacques, *La Réhabilitation judiciaire de Baudelaire*, Dalloz, 1952.

JOUVE, Pierre-Jean, *Tombeau de Baudelaire*, Le Seuil, 1958.

KEMPF, Roger, *Dandies. Baudelaire et Cie*, Le Seuil, 1977, 1984.

KIES, Albert, *Études baudelairiennes*, Louvain, Nauwelaerts, 1967.

KOPP, Robert et PICHOIS, Claude, *Les Années Baudelaire*, Neuchâtel, À La Baconnière, 1969.

KUNEL, Maurice, *Cinq journées avec Charles Baudelaire* (propos recueillis par Georges Barral), Liège, Aux Éditions de « Vigie 30 », 1932, Obsidiane, 1995.

— *Baudelaire en Belgique*, Liège, Soledi, 1944.

LAFORGUE, René, *L'Échec de Baudelaire, étude psychanalytique sur la névrose de Baudelaire*, Denoël, 1931 et Genève, Éditions du Mont-Blanc, 1964.

LEMONNIER, Léon, *Les Traducteurs d'Edgar Poe en France de 1845 à 1875 : Charles Baudelaire*, Presses universitaires de France, 1928.

— *Enquêtes sur Baudelaire*, Paris, Crès, 1929.

LÉOUTRE, Gilbert, et SALOMON, Pierre, *Baudelaire et le Symbolisme*, Masson et Cie, 1970.

MARCHAND, Jean José, *Sur « Mon cœur mis à nu » de Baudelaire*, L'Herne, 1970.

MAUCLAIR, Camille, *Charles Baudelaire : sa vie, son art, sa légende*, Maison du Livre, 1917.

— *La Vie amoureuse de Charles Baudelaire*, Flammarion, 1927.

MAURON, Charles, *Le Dernier Baudelaire*, Corti, 1966.

Mouquet, Jules, et Bandy, W.T., *Baudelaire en 1848*, Paris, Émile-Paul, 1946.

Ortlieb, Gilles, *Au Grand Miroir*, Gallimard, 2005.

Pachet, Pierre, *Le Premier Venu. Essai sur la politique baudelairienne*, Denoël, 1976.

Pia, Pascal, *Baudelaire par lui-même*, Le Seuil, 1952, 1970.

Pichois, Claude, *Baudelaire à Paris*, Hachette, 1967.

Pichois, Claude, et Ziegler, Jean, *Baudelaire*, Julliard, 1987, Fayard, 2005.

Pichois, Claude, et Avice, Jean-Paul, *Dictionnaire Baudelaire*, Tusson, Du Lérot, 2002.

Pommier, Jean, *Dans les chemins de Baudelaire*, Corti, 1945.

Porché, François, *Baudelaire et la Présidente*, Genève, Éditions du Milieu du Monde, 1941, Gallimard, 1959.

Poulet, Georges, et Kopp, Claude, *Qui était Baudelaire ?*, Genève, Skira, 1969.

Richer, Jean, et Ruff, Marcel Albert, *Les Derniers Mois de Charles Baudelaire et la publication posthume de ses œuvres*, Nizet, 1976.

Sartre, Jean-Paul, *Baudelaire*, Gallimard, 1947, coll. Folio Essais, 1988.

Soupault, Philippe, *Baudelaire*, Paris, Rieder, 1931.

Starobinski, Jean, *La Mélancolie au miroir : trois lectures de Baudelaire*, Julliard, 1989, 2004.

Vivier, Robert, *L'Originalité de Baudelaire*, Bruxelles, Académie royale de langue et de littérature françaises de Belgique, 1965, 1991.

SURVENUE DU *MAUVAIS*

1. Antoine Blondin, cité in *Baudelaire*, Hachette, coll. Génies et Réalités, 1961.
2. Antoine Blondin, *ibid*.

L'HONNEUR DU COLLÈGE

1. Lettre du 9 novembre 1832, in *Lettres inédites aux siens*, Grasset, 1966.
2. Lettre du 1er janvier 1834, *ibid*.
3. Lettre du 25 février 1836, *ibid*.
4. Lettre du proviseur de Louis-le-Grand à M. Aupick, en date du 18 avril 1839, *ibid*.

LA VIE DEVANT SOI

1. Lettre du 23 août 1839, in *Lettres inédites aux siens, op. cit.*
2. Charles Baudelaire, *Correspondance*, Gallimard, coll. Folio (édition de référence pour les notes de cet ouvrage), 2000, p. 47.

SUR LES MERS DU SUD

1. Charles Baudelaire, *Les Fleurs du mal*, OC I, Gallimard, coll. Bibliothèque de la Pléiade, p. 11.
2. *Le Flacon, Les Fleurs du mal, op. cit.*, p. 47.

3. *À une Malabaraise*, *Les Fleurs du mal*, *op. cit.*, p. 174.

4. *Bien loin d'ici*, *Les Fleurs du mal*, *op. cit.*, p. 145.

LE RETOUR DU FILS PRODIGUE

1. Voir le collectif *Les Physiologies*, Université de Paris, 1958, et Jean-Baptiste Baronian, *Une bibliothèque excentrique*, Cognac, Le Temps qu'il fait, 2004.

2. Charles Baudelaire, Théophile Gautier, *OC* II, *op. cit.*, p. 120.

3. Jean Prinet et Antoinette Dilasser, *Nadar*, Armand Colin, 1966.

4. Champfleury, *Souvenirs et portraits de jeunesse*, Paris, Dentu, 1872.

5. Charles Baudelaire, Théodore de Banville, *OC* II, op. cit., p. 162.

6. *Ibid.*, p. 162.

« LE SERPENT QUI DANSE »

1. Poème XXXII, sans titre, des Fleurs du mal, *OC* I, op. cit., p. 34.

2. In *Baudelaire devant ses contemporains*, textes recueillis et publiés par W.T. Bandy et Claude Pichois, Monaco, Éditions du Rocher, 1957.

3. Camille Mauclair, *La Vie amoureuse de Charles Baudelaire*, Flammarion, 1927.

4. Claude Pichois et Jean Ziegler, Baudelaire, Julliard, 1987.

5. *Sed non satiata*, *Les Fleurs du mal*, *OC* I, *op. cit.*, p. 28.

6. *Le Vampire*, *Les Fleurs du mal*, *OC* I, *op. cit.*, p. 33-34.

LA TÊTE PLEINE DE TOURBILLONS

1. Voir Jules Marsan, *Bohème romantique*, Paris, Les Cahiers libres, 1929.

2. Charles Baudelaire, *Paradis artificiels, OC* I, *op. cit.*, p. 388.

3. *Ibid.*, p. 392.

4. Voir à ce propos Roger Kempf, *Dandies*, Le Seuil, 1977.

5. Jules Barbey d'Aurevilly, *Du dandysme et de G. Brummel*, Paris, Poulet-Malassis, 1861, 2ᵉ édition augmentée.

LUMIÈRES ET TÉNÈBRES

1. Charles Baudelaire, *Salon de 1845*, OC II, *op. cit.*, p. 353.
2. *Ibid.*, p. 352 et 353.
3. Voir Jean-François Revel, « Delacroix entre les anciens et les modernes », *L'Œil*, n° 101, mai 1963.
4. Théophile Gautier, *Nouvelles*, Paris, Charpentier, 1845.
5. Claude Pichois et Jean Ziegler, *Baudelaire, op. cit.*

L'AMOUR... TOUJOURS

1. Claude Pichois et Jean-Paul Avice. *Dictionnaire Baudelaire*, Tusson, Du Lérot, 2002.
2. Charles Baudelaire, *OC I, op. cit.*, p. 223.
3. Camille Mauclair, *La Vie amoureuse de Charles Baudelaire, op. cit.*
4. *Ibid.*
5. Charles Baudelaire, *OC I, op. cit.*, p. 551.

UN NOUVEAU SALON

1. Émile Bernard, *Charles Baudelaire critique d'art*, Bruxelles, Éditions de la Nouvelle Revue Belgique, s.d. [1944].
2. Charles Baudelaire, *OC II, op. cit.*, p. 496.

UN CERTAIN SAMUEL CRAMER

1. Charles Baudelaire, *Salon de 1846*, OC II, *op. cit.*, p. 496.

SUR LES BARRICADES

1. Lettre du 4 décembre 1847, citée *in* Jules Mouquet et W.T. Bandy *Baudelaire en 1848*, Paris, Émile-Paul, 1946.
2. Charles Baudelaire, *Salon de 1846*, OC II, *op. cit.*, p. 490.

UN JOURNALISTE VERSATILE

1. Jules Mouquet et W.T. Bandy, *Baudelaire en 1848, op. cit.*

LE TEMPS DU REPLI

1. Sainte-Beuve, *Portraits littéraires*, Laffont, coll. Bouquins, 1993.
2. Charles Baudelaire, *Mon cœur mis à nu, OC* II, *op. cit.*, p. 684.

ENTRE DEUX ÉDITEURS

1. Charles Baudelaire, *OC* II, p. 440.

L'HOMME DE TRENTE ANS

1. *La Muse malade, Les Fleurs du mal, OC* I, *op. cit.*, p. 14.
2. Charles Baudelaire, *OC* II, *Pierre Dupont, op. cit.*, p. 35 et 36.

UN SAINT MAUDIT

1. La plupart d'entre eux sont regroupés dans le *Cahier de l'Herne* consacré à Edgar Allan Poe (L'Herne, 1974).
2. Charles Baudelaire, *Edgar Allan Poe, sa vie et ses ouvrages, OC* II, *op. cit.*, p. 253 et 254.
3. *Ibid.*
4. Ces mots sont les premiers d'une lettre de Baudelaire en date du 5 mars 1852, *Correspondance, op. cit.*, p. 69.

LETTRE À LA PRÉSIDENTE

1. Selon la piquante appréciation de Camille Mauclair dans *La Vie amoureuse de Charles Baudelaire,op. cit.*
2. Charles Baudelaire, *Correspondance, op. cit.*, p. 73.
3. Jean-René Huguenin, « Je suis de mon cœur le vampire », in *Baudelaire*, Hachette, coll. Génies et Réalités, 1961.

AU CONFESSIONNAL DU CŒUR

1. Charles Baudelaire, *Morale du joujou*, OC I, *op. cit.*, p. 582.
2. Charles Baudelaire, *Correspondance*, *op. cit.*, p. 80.
3. *Ibid.*, p. 81 et 82.
4. *Ibid.*, p. 82 et 83.

MAIS COMMENT S'EN SORTIR ?

1. *Correspondance*, *op. cit.*, p. 95.
2. *Ibid.*, p. 101.
3. *Ibid.*, p. 105.
4. *Ibid.*, p. 105 et 106.

SANS DOMICILE FIXE

1. *Exposition universelle 1855*, OC II, *op. cit.*, p. 580.

POE EN LIBRAIRIE

1. *Correspondance*, *op. cit.*, p. 120 et 121.

LA CRAPULE, L'IGNORANT

1. Dans une lettre datée du 28 mars 1857, *Correspondance*, *op. cit.*, p. 128.
2. *Ibid.*, p. 129.
3. Jules Barbey d'Aurevilly, *Les Œuvres et les hommes*, 2ᵉ série, Paris, Lemerre, 1895.

ENFIN L'*ENFANT* PARAÎT

1. *Correspondance*, *op. cit.*, p. 135.
2. Cité par Claude Pichois et Jean Ziegler, *Baudelaire*, *op. cit.*, p. 347.
3. *Correspondance*, *op. cit.* p. 136 et 137.
4. *Ibid.*, p. 138.

UNE DOUBLE DÉFAITE

1. Cité par Claude Pichois et Jean Ziegler, *Baudelaire, op. cit.*
2. *Ibid.*, p. 369.
3. *Ibid.*, p. 362.

LE MAL DE VIVRE

1. Charles Baudelaire, Quelques caricaturistes étrangers, *OC* II, *op. cit.*, p. 568.
2. Charles Baudelaire, *Madame Bovary*, *OC* II, *op. cit.*, p. 76.
3. *Ibid.*, p. 81.
4. *Correspondance, op. cit.*, p. 140.
5. *Ibid.*, p. 142.

« ANCELLE EST UN MISÉRABLE »

1. Cité par Claude Pichois et Jean Ziegler, *Baudelaire, op. cit.*, p. 379.
2. *Correspondance, op. cit.*, p. 145.

D'UNE FEMME L'AUTRE

1. Charles Baudelaire, *La Double Vie*, *OC* II, *op. cit.*, p. 89.
2. *Correspondance, op. cit.*, p. 156.
3. Charles Baudelaire, *Théophile Gautier*, *OC* II, *op. cit.*, p. 117-118.

« LE PRINCE DES CHAROGNES »

1. *Correspondance, op. cit.*, p. 163.
2. Charles Baudelaire, *Salon de 1859*, *OC* II, *op. cit.*, p. 618 et 619.
3. *Ibid.*, p. 632.
4. Lettre de Baudelaire à Victor Hugo du [23 ?] septembre 1859, *Correspondance, op. cit.*, p. 175.
5. Lettre de Victor Hugo à Baudelaire, *OC* II, p. 1129.

JOUISSANCE MUSICALE

1. Lettre du 17 février 1860 à Richard Wagner, *Vues sur la France*, Mercure de France, 1943.
2. Charles Baudelaire, *Les Paradis artificiels*, OC I, *op. cit.*, p. 517.

RETOUR À NEUILLY

1. L'expression est de Léon Lemonnier, *Enquêtes sur Baudelaire*, Paris, Crès, 1929.
2. Pierre Dufay, *Autour de Baudelaire*, Paris, Au Cabinet du Livre, 1931.
3. *Les Fleurs du mal*, OC I, *op. cit.*, p. 134.

LE CORPS MIS À NU

1. *Les Fleurs du mal*, OC I, *op. cit.*, p. 77 et 78.
2. *Ibid.*, p. 83.
3. Charles Baudelaire, *Richard Wagner et Tannhäuser à Paris*, OC II, *op. cit.*, p. 785.

VISITES DISTINGUÉES

1. *Correspondance, op. cit.*, p. 249 et 250.
2. Cité par W. T. Bandy et Claude Pichois, le mot est rapporté par Asselineau, in *Baudelaire devant ses contemporains, op. cit.*
3. *Correspondance, op. cit.*, p. 253.
4. W.T. Bandy et Claude Pichois, *Baudelaire devant ses contemporains, op. cit.*

L'ANNÉE DES MISÈRES

1. Charles Baudelaire, *OC*, Gallimard, coll. Bibliothèque de la Pléiade, 1961, p. 1681.
2. Charles Baudelaire, *OC* II, op. cit., p. 740.

LA COURSE AUX ÉDITEURS

1. Charles Baudelaire, *OC* II , *op. cit.*, p. 758.

TOUTES LES STUPIDITÉS DU SIÈCLE

1. Charles Baudelaire, *Anniversaire de la naissance de Shakespeare*, *OC* II, *op. cit.*, p. 229.

UN CYCLE DE CONFÉRENCES

1. Cité par Maurice Kunel, *Baudelaire en Belgique*, Liège, Soledi, 1945, p. 34 et 35.

GENS ET CHOSES DE BELGIQUE

1. Charles Baudelaire, *La Belgique déshabillée*, Gallimard, coll. Folio, 1986. (Dans le volume, le titre est précédé de *Fusées* et de *Mon cœur mis à nu*.)

LE POIDS DE L'ENNUI

1. *Correspondance, op. cit.*, p. 310.

UN « MORT PARMI LES MORTS »

1. *OC* II, *op. cit.*, p. 975.
2. Lettre à Narcisse Désiré Ancelle du 18 février 1866, *Correspondance, op. cit.*, p. 377 et 378.

ANNEXES

FOLIO BIOGRAPHIES

Attila, par ÉRIC DESCHODT

Balzac, par FRANÇOIS TAILLANDIER

Baudelaire, par JEAN-BAPTISTE BARONIAN

Jules César, par JOËL SCHMIDT

Cézanne, par BERNARD FAUCONNIER

James Dean, par JEAN-PHILIPPE GUERAND

Freud, par RENÉ MAJOR ET CHANTAL TALAGRAND

Gandhi, par CHRISTINE JORDIS

Billie Holiday, par SYLVIA FOL

Ibsen, par JACQUES DE DECKER

Kafka, par GÉRARD-GEORGES LEMAIRE

Kerouac, par YVES BUIN

Louis XVI, par BERNARD VINCENT

Michel-Ange, par NADINE SAUTEL

Modigliani, par CHRISTIAN PARISOT

Pasolini, par RENÉ DE CECCATTY

Picasso, par GILLES PLAZY

Shakespeare, par CLAUDE MOURTHÉ

Virginia Woolf, par ALEXANDRA LEMASSON

Stefan Zweig, par CATHERINE SAUVAT

À paraître en 2007

Josephine Baker, par JACQUES PESSIS

Albert Cohen, par FRANK MÉDIONI

Diderot, par RAYMOND TROUSSON

Jean Giono, par JACQUES MÉNY

Molière, par CHRISTOPHE MORY

Marilyn Monroe, par ANNE PLANTAGENET

COLLECTION FOLIO

Dernières parutions

4349. Jakob Wassermann	*L'Affaire Maurizius.*
4350. J. G. Ballard	*Millenium People.*
4351. Jerome Charyn	*Ping-pong.*
4352. Boccace	*Le Décameron.*
4353. Pierre Assouline	*Gaston Gallimard.*
4354. Sophie Chauveau	*La passion Lippi.*
4355. Tracy Chevalier	*La Vierge en bleu.*
4356. Philippe Claudel	*Meuse l'oubli.*
4357. Philippe Claudel	*Quelques-uns des cent regrets.*
4358. Collectif	*Il était une fois... Le Petit Prince.*
4359. Jean Daniel	*Cet étranger qui me ressemble.*
4360. Simone de Beauvoir	*Anne, ou quand prime le spirituel.*
4361. Philippe Forest	*Sarinagara.*
4362. Anna Moï	*Riz noir.*
4363. Daniel Pennac	*Merci.*
4364. Jorge Semprún	*Vingt ans et un jour.*
4365. Elizabeth Spencer	*La petite fille brune.*
4366. Michel tournier	*Le bonheur en Allemagne?*
4367. Stephen Vizinczey	*Éloge des femmes mûres.*
4368. Byron	*Dom Juan.*
4369. J.-B. Pontalis	*Le Dormeur éveillé.*
4370. Erri De Luca	*Noyau d'olive.*
4371. Jérôme Garcin	*Bartabas, roman.*
4372. Linda Hogan	*Le sang noir de la terre.*
4373. LeAnne Howe	*Équinoxes rouges.*
4374. Régis Jauffret	*Autobiographie.*
4375. Kate Jennings	*Un silence brûlant.*
4376. Camille Laurens	*Cet absent-là.*
4377. Patrick Modiano	*Un pedigree.*
4378. Cees Nooteboom	*Le jour des Morts.*
4379. Jean-Chistophe Rufin	*La Salamandre.*
4380. W. G. Sebald	*Austerlitz.*
4381. Collectif	*Humanistes européens de la Renaissance.* (à paraître)
4382. Philip Roth	*La contrevie.*
4383. Antonio Tabucchi	*Requiem.*
4384. Antonio Tabucchi	*Le fil de l'horizon.*
4385. Antonio Tabucchi	*Le jeu de l'envers.*
4386. Antonio Tabucchi	*Tristano meurt.*
4387. Boileau-Narcejac	*Au bois dormant.*

Composition Nord Compo
Impression Maury-Eurolivres
45300 Manchecourt
le 15 septembre 2006.
Dépôt légal : septembre 2006.
Numéro d'imprimeur : 123942.
ISBN 2-07-030965-7. / Imprimé en France.